KiWi
PAPERBACK
1238

Das Buch

Inspiriert von Jonathan Safran Foers spektakulär erfolgreichem Buch über Massentierhaltung und ihre Folgen entstand dieses »Kochbuch für eingefleischte Vegetarier«. Wer es bislang schwierig oder öde fand, sich vegetarisch zu ernähren, erhält mit diesem Kochbuch wunderbar appetitmachende Anregungen. Eingefleischte Vegetarier und solche, die es vielleicht mal werden wollen, lieben nicht nur Fleischtomaten, falschen falschen Hasen, Rehrücken oder Zimtschnecken, sondern bestimmt auch all die anderen köstlichen Gerichte in dieser umfassenden Sammlung fleisch- und fischloser Rezepte.

Mit einem Vorwort von Jonathan Safran Foer.

KOCHBUCH FÜR EINGEFLEISCHTE VEGETARIER

Kiepenheuer & Witsch

Inhal

Für Jonathan Safran Foer

Vorwort

von
Jonathan
Safran
Foer

Ich bin es leid, über unsere Ernährung nachzudenken. Sie nicht? Das ist bis zu einem bestimmten Punkt interessant – macht auch Spaß und regt an, aber über diesen Punkt sind wir längst hinaus. Jetzt ist es bestenfalls lästig. Finden Sie diese regelmäßige Flut von Meldungen, dass dieses oder jenes Nahrungsmittel gefährlich oder potenziell tödlich sei, nicht auch ermüdend? Dass Massentierhaltung, wie bei einer verdeckten Ermittlung herauskam, nicht nur unseren Wertvorstellungen widerspricht, sondern dass das Fleisch auch falsch etikettiert war? Haben wir nichts Besseres zu tun, als darüber nachzudenken, ob ein Hamburger zur Erderwärmung beiträgt? Doch. Aber wir haben keine andere Wahl.

Warum eigentlich nicht? Warum schützt uns niemand? Es steht doch so viel auf dem Spiel: unsere Gesundheit, das empfindliche Ökosystem, das Schicksal von Milliarden Tieren. Auch unsere Zeit. Drei Jahre habe ich an »Tiere essen« gearbeitet, in der Annahme, das Thema dann ad acta legen zu können. Aber ich schaffe es nicht. Die Sache lässt mich nicht los. Geht es Ihnen auch so? Ich bin kein Aktivist und auch nicht übertrieben gesundheitsbewusst. Ich bin im Grunde ein ganz normaler Esser. Ich mag schmackhafte Dinge, ich mag Essen, das relativ einfach und nicht teuer ist. Essen zählt für mich zu den schönsten und wichtigsten Freuden im Leben. Aber manche Dinge würde ich, genau wie Sie, einfach nicht essen.

Warum besteht bei Frauen, die Supermarktmilch trinken, eine dreimal höhere Wahrscheinlichkeit, dass sie Zwillinge gebären? Warum kommen Mädchen fünf Jahre oder noch früher in die Pubertät als noch vor einer Generation? Warum gibt es bei Kindern plötzlich so viele Lebensmittelallergien? Warum wird bei Millionen von Menschen nach Fleischverzehr eine Lebensmittelvergiftung festgestellt? Warum geht das H1N1-Virus auf einen Schweinemastbetrieb in Amerika zurück? Warum wird immer wieder BSE-Alarm geschlagen? Warum ist Dioxin in unseren Lebensmitteln? Warum wurden wir unfreiwillig Objekte des größten wissenschaftlichen Experiments in der Menschheitsgeschichte?

Was, wenn es an uns wäre, herauszufinden, ob Spielzeugeisenbahnen giftige Farbe enthalten? Wenn wir, als Verbraucher, bei den Herstellern anfragen und ihren Angaben vertrauen müssten, obwohl wir von jahrelanger Manipulation und Täuschung wissen? Vielleicht würden einige von uns die Fabriken inspizieren, um selbst zu sehen, woher das Spielzeug kommt, das wir unseren Kindern schenken. Aber die meisten würden wahrscheinlich sagen, dass es genug anderes Spielzeug gibt, und beschließen, vorläufig vielleicht keine Spielzeugeisenbahn mehr zu kaufen.

Glücklicherweise schützt uns der Staat vor bleihaltiger Farbe. Doch sobald es um Lebensmittel geht – und jeder wird zustimmen, dass Essen wichtiger ist als Spielzeug –, verweigert uns der Staat seinen Schutz. (Es gibt zurzeit kein Land auf der Welt, das seine Bürger vor schädlichen, scheußlichen und giftigen Lebensmitteln schützt.) Alle paar Monate, scheint es, wird ein neuer Fleischskandal gemeldet – aber ich habe noch keinen Bericht gelesen, dass Fleisch weniger schädlich, weniger scheußlich oder sicherer sei, als bislang angenommen. Unsere gewählten Volksvertreter interessiert das nicht.

Ergreift die deutsche Regierung alle nur denkbaren Maßnahmen? Offenbar nicht, denn in Deutschland ist Fleisch mit doppelt so viel Antibiotika belastet wie in Dänemark und dreimal so viel wie in Schweden. Schon in den Sechzigerjahren haben Wissenschaftler davor gewarnt, Tierfutter mit Antibiotika anzureichern. Heute führen so unterschiedliche Institutionen wie die American Medical Association, die Centers for Disease Control und die Weltgesundheitsorganisation die zunehmende antimikrobielle Resistenz auf den nichttherapeutischen Einsatz von Antibiotika in der Massentierhaltung zurück und fordern ein entsprechendes Verbot. Wenn Tieren Medikamente verabreicht werden, damit sie schneller wachsen, führt das dazu, dass wir unseren Kindern im Notfall nicht mehr ähnliche Medikamente geben können. Doch der Staat schützt uns nicht. So wie er uns nicht vor einer Industrie schützt, die, nach UN-Angaben, zu den Hauptursachen jedes größeren Umweltproblems auf der Welt gehört. So wie wir nicht vor Salmonellen oder E. coli oder Campylobacter oder Schweinegrippe oder Vogelgrippe geschützt werden.

Also müssen wir uns schützen.

Es gibt zwei Möglichkeiten, wie wir das tun können: Entweder wir werden bewusste Verbraucher (wie derjenige, der Spielzeugfabriken inspiziert oder nur handgefertigte Spielzeugeisenbahnen kauft) oder wir essen so wenig Fleisch wie möglich (und kaufen andere Spielsachen). Mir gefällt die Idee von bewusstem Konsum, aber mir ist noch nie jemand begegnet, der dies auch praktiziert, wenn es ums Essen geht. Ein »konsumbewusster Allesesser« zu sein heißt nicht, Biofleisch zu kaufen, wenn es gerade verfügbar ist, und ansonsten Fleisch aus Massentierhaltung zu konsumieren. Es bedeutet, dass man ausschließlich ökologisch erzeugtes Fleisch isst und sich ansonsten vegetarisch ernährt. Was angesichts der Dominanz der Massentierhaltung (98 Prozent des in Deutschland verzehrten Fleischs stammen aus Massentierhaltung) bedeuten würde, sich so gut wie immer vegetarisch zu ernähren.

Die andere Möglichkeit – die Möglichkeit, für die ich mich entschieden habe – besteht darin, so wenig Fleisch wie möglich zu essen. (In meinem Fall: überhaupt kein Fleisch.) Für mich ist das keine philosophische, sondern eine ganz praktische Überlegung. Mir liegt, genau wie Ihnen, die Gesundheit meiner Familie am Herzen. Mir sind, wie Ihnen, saubere Luft und sauberes Wasser wichtig. Und mir geht es, wie Ihnen, um eine artgerechte Tierhaltung.

In Amerika und Europa gibt es in Sachen Massentierhaltung inzwischen einen breiten Konsens. Sie steht in Widerspruch zu allem, was wir von unseren Eltern gelernt haben und was wir unseren Kindern beibringen. Vielleicht wird die Welt eines Tages anders aussehen, und wir werden luxuriöserweise darüber debattieren können, ob es grundsätzlich falsch ist, Tiere zu essen, doch im Moment stellt sich diese Frage nicht. (Eine Frage übrigens, die mir nicht unter den Nägeln brennt.) Im Moment ist Fleisch mit Dioxin belastet. Dazu Nein zu sagen hat nichts Philosophisches.

Sollte ab sofort niemand mehr Fleisch essen dürfen? Das wäre schön, aber es ist nicht realistisch und nicht einmal notwendig. Müssen wir uns politisch engagieren? Das wäre schön, aber auch das muss nicht sein. Wir müssen aber damit aufhören zu erwarten, dass der Staat uns schützt, und uns vielmehr selbst schützen. Wir müssen Nein sagen zu etwas, das wir mögen, im Interesse von Dingen, die uns noch wichtiger sind.

Aber vielleicht ist »Nein sagen« nicht der richtige Ausdruck, denn man muss vegetarische Ernährung nicht als Mangel empfinden – mir jedenfalls ist es noch nie so gegangen. Gelegentlich würde ich gern ein Stück Fleisch essen, aber es gibt viele Dinge, die ich gern hätte. Das gehört zum Leben. Seit ich Vegetarier bin, ist meine Ernährung viel fantasievoller, experimentierfreudiger und abwechslungsreicher. Außerdem ist es einfach gut, vernünftig zu handeln und tagtäglich Entscheidungen zu treffen, die den eigenen Wertvorstellungen entsprechen. Ich würde sogar sagen, dass das eine so tiefe und nachhaltige Befriedigung verschafft, wie sie kein Essen bietet. Bücher wie dieses können eine wunderbare Hilfe sein, die Umstellung auf eine bessere Ernährung als einen großen Gewinn zu empfinden.

Jonathan Safran Foer, August 2011
Aus dem Englischen von Matthias Fienbork

» Nichts wird die Chance auf ein Überleben der Erde so steigern wie der Schritt zur vegetarischen Ernährung. «

Albert Einstein

Nicht Fisch, nicht Fleisch, sondern eine Einleitung

Vegetarier kann man auf viele verschiedene Arten sein. Manche verzichten lediglich auf den Verzehr von Fleisch, essen aber Fisch und tierische Produkte wie Eier und Milchprodukte – diese bezeichnet man als Pescetarier. Andere lassen sogar diese wegfallen, das sind dann die sogenannten strengen Vegetarier. Die Ovo-Lacto-Vegetarier hingegen beziehen zwar Eier und Milchprodukte in ihre Ernährung ein, verzichten aber auf gelatinehaltige Gummibärchen und Co.

Ebenso vielfältig sind die Gründe, weshalb Menschen aufhören, Fleisch zu essen bzw. vielleicht auch nie richtig damit begonnen haben. Häufig spielt dabei sicher die Liebe und der Respekt zu Tieren eine Rolle (thank you, Jonathan!), gewiss gibt es aber auch viele Vegetarierinnen und Vegetarier, denen Schweinsbraten und Stelze einfach nicht schmecken. Wie auch immer.

Die letzte Gruppe der Vegetarier ist eine ganz besondere. Es liegt in der Natur des Menschen, andere von seinen eigenen Ideen und Grundsätzen überzeugen zu wollen: Wer andere zum Vegetarismus bekehren möchte, der ist ein »eingefleischter Vegetarier«.

Für die eingefleischten Vegetarier ist dieses Kochbuch konzipiert worden. Und Ihnen, die Sie dieses Buch in Händen halten, eröffnet es mehrere Möglichkeiten: Sie können es behalten, um Ihr Repertoire an vegetarischen Rezepten zu erweitern, oder aber Sie können es den Fleischessern, die Sie bekehren möchten, schenken. Denn im KbfeV sind so viele leckere Rezepte gesammelt, dass niemandem auffallen wird, dass da kein Fleisch drin ist. Und wenn, dann ist es auch Wurst, denn schmecken wird's wohl jedem. Denn: Bekehren hin oder her, Hauptsache ist doch, dass es schmeckt!

Vielleicht fragen Sie sich ja beim Kauf dieses Buches, ob Sie selbst ein eingefleischter Vegetarier sind. Sollte Ihnen der Vegetarismus noch nicht in Fleisch und Blut übergegangen sein: Mit diesem Kochbuch halten Sie Ihre Chance in Händen. Probieren Sie es einfach mal ein paar Tage aus. Ganz abgesehen davon, dass schon der Einkauf von Gemüse, viel Gemüse, richtig Spaß macht und Sie auf einmal jede Menge Farbenfrohes auf dem Schneidbrett oder Teller liegen haben – es kommt plötzlich von allein das Gefühl, dass man sich selbst damit etwas Gutes tut. Und diese Gefühl ist ein gutes!

Begleiten Sie uns also auf den folgenden Seiten durch die köstliche Welt der vegetarischen Küche. Die nun folgende Rezept-Sammlung soll die unendliche Vielfalt der fleischlosen Kost zeigen. Und das wirklich Wunderbare daran ist, dass nicht nur dem Einfallsreichtum unserer Kreationen kaum Grenzen gesetzt sind – Sie selbst können alles kombinieren und ausprobieren, ganz nach Lust und Laune etwa mit Gewürzen und Getreide experimentieren. So werden Sie beispielsweise einem einfachen Linseneintopf durch die Zugabe von Kreuzkümmel und Kurkuma einmal eine indische Note verleihen, während es beim nächsten Mal mit Chili und Paprikapulver in eine ganz andere Richtung gehen kann. Nicht zu vergessen die zahlreichen Kräuter, die je nach Saison und Belieben jedem Gericht einen individuellen Geschmack mitgeben. So bekommt auch der geschmacksneutrale Tofu, der Nichtvegetariern oft nur ein abschätziges Mundverziehen entlockt, mehr Pfiff und Würze. Ja, ja, wer Tofu richtig zubereiten kann, kann alles richtig zubereiten. Wie überhaupt die vegetarische Küche oft unterschätzte Anforderungen an die oder den Kochenden stellt! Fleisch ist leichter zuzubereiten, gibt mit ein bisschen Fett gleich mal einen tollen Geschmack her, aber Gemüse braucht Routine – Routine, die Sie mit dem vorliegenden Kochbuch locker erwerben. Darum gibt's auch ganz flotte einfache Rezepte in diesem Buch und solche, die bei jedem erneuten Zubereiten immer besser schmecken.

Übrigens können jene, die sich nicht entscheiden können oder wollen, denen beim Blick in die Feinkosttheke zu Schinken, Salami und Co. immer noch das Wasser im Mund zusammenläuft, seit geraumer Zeit so delikate Fleischersatz-Produkte wie Tofuwürstchen, Seitanschnitzel und Sojagranulat erwerben. Wie gesagt: Engagierte Köchinnen und Köche können daraus ein beinahe authentisches Wiener Schnitzel und ebenso schmackhafte Spaghetti bolognese zaubern. Und den Grillgästen wird es nicht auffallen, wenn man selbst Tofuwürstchen ins Ketchup tunkt, während sie von Bratwürstel und Käsekrainer abbeißen. Wenn Sie wollen, können Sie mit diesen Rezepten Täuschungsmanöver durchführen, wenn Sie eingefleischter Vegetarier sind, werden Sie gar nicht täuschen wollen …

Ja, und noch was: Wer so gar nicht auf die Fleischbeilage verzichten will, muss das natürlich nicht. Fühlen Sie sich frei, auf unsere köstlichen Salate gebackene Hühnerstreifen zu legen, oder wandeln Sie unseren doppelt falschen Hasen einfach wieder in einen richtigen Falschen Hasen um.

Sie sehen: Dieses Kochbuch ist für alle da, ganz besonders aber – so ehrlich wollen wir sein – für Menschen, die Tiere nicht essen.

PS: Die Rezepte sind – wenn nicht anders angegeben – für vier Personen berechnet.

Als Vorspeise oder als Imbiss zwischendurch, als Partyhäppchen oder für lange Fernseh- abende. Für Snacks braucht man keinen Hunger – die kann man immer essen. Und die Teigtaschen, Muffins und Puffer können ganz leicht zur Hauptspeise erweitert werden.

Zum Zwischen-
durchessen

Gemüsechips

FÜR 6–8 PERSONEN

250 g orangefleischige
Süßkartoffeln
250 g Rote Bete
250 g Kartoffeln
Öl zum Frittieren
Salz

Den Backofen auf 180 °C vorheizen. Das Gemüse schälen. Mit einem Gemüseschäler die Süßkartoffeln in lange feine Streifen schneiden. Die Roten Beten hauchdünn aufschneiden. Die Kartoffeln mithilfe eines Gemüsehobels oder eines Messers mit geriffelter Klinge in sehr feine Scheiben schneiden. Einen tiefen Topf zu einem Drittel mit Öl füllen, das Öl sehr heiß werden lassen und die Gemüsescheiben portionsweise 30 Sekunden darin frittieren, bis sie goldgelb und knusprig sind. Nach Bedarf mit einer Küchenzange oder einem langstieligen Metalllöffel wenden. Auf Küchenpapier entfetten und mit Salz würzen.

Die Gemüsechips auf einem Backblech im Backofen warm halten, während das restliche Gemüse frittiert wird.

Gorgonzola-Blätterteigtaschen

200 g Gorgonzola
1 Ei
1 EL Crème fraîche
1 EL Schnittlauch
Pfeffer
1 Rolle Blätterteig
1 Eigelb zum Bestreichen

Den Käse mit einer Gabel zerteilen und mit dem Ei, der Crème fraîche und dem Schnittlauch vermischen. Bei Bedarf mit Pfeffer abschmecken. Die Blätterteigrolle auf die Arbeitsfläche legen und in Quadrate schneiden. Die Kanten mit Eigelb bestreichen. Danach je gut einen Löffel der Gorgonzolafüllung auf je ein Quadrat geben. Diese zu Dreiecken zusammenschlagen, die Kanten mit einer Gabel gut zusammendrücken und ebenso mit Eigelb bestreichen. Bei 200 °C etwa 15 Minuten backen. Noch warm servieren. Dazu passt grüner Salat.

Kartoffelmuffins

1 kg Kartoffeln
200 g Gouda
100 ml Milch
150 g Frischkäse
100 g Babykarotten
100 g Erbsen
4 Eier
Salz, Pfeffer

Den Backofen auf 190 °C vorheizen. Die Kartoffeln kochen, schälen und mit einem Stampfer zerdrücken. Den Käse reiben und die Milch leicht erhitzen. Alle Zutaten vermischen und mit Salz und Pfeffer würzen.
Die Mulden der Muffinform einfetten und mit dem Kartoffelteig befüllen. Bei 180 °C ca. 45 Minuten goldbraun backen.

Kürbismuffins

FÜR 24 STÜCK

300 g (Butter-)Kürbis
300 g Vollkornmehl
2 TL Backpulver
3 EL geriebene Nüsse
250 g Rohrzucker
3 Eier
150 ml Öl
100 ml Wasser
Salz

Backofen auf 175 °C vorheizen. Kürbis schälen, raffeln und in eine Schüssel geben. Vollkornmehl mit dem Backpulver vermischen und zusammen mit den Nüssen und dem Rohrzucker dazugeben, den Teig verrühren. Danach Eier und Öl, Wasser und Salz untermischen. Muffinförmchen in die Vertiefungen des Muffinblechs legen und die Kürbismasse einfüllen. Die Muffins eine halbe Stunde backen und mit Blattsalat servieren.

Zucchinipuffer

FÜR 6 PERSONEN

2 Eier
Salz
100 ml Mineralwasser
mit Kohlensäure
50 g Mehl
etwas Petersilie
4 kleine Zucchini
reichlich Olivenöl

Eier in einer Schüssel verschlagen, etwas Salz, Mineralwasser, Mehl sowie ein wenig gehackte Petersilie dazugeben und mit einem Schneebesen gut verquirlen. Zucchini in feine Scheiben hobeln und in den Teig rühren. Ausreichend Öl in einer Pfanne erhitzen, den Gemüseteig esslöffelweise hineingeben und beide Seiten goldgelb frittieren. Aus der Pfanne nehmen, auf Küchenpapier abtropfen lassen und heiß servieren.

Zucchini-Carpaccio

4 Zucchini
Salz, Pfeffer
Saft von einer Zitrone
2 EL Olivenöl
200 g Ruccola-Blätter
6 EL Parmesan

Zucchini waschen und in dünne Scheiben hobeln. Zucchinischeiben auf vier Teller verteilen, salzen und pfeffern. Zitronensaft und Olivenöl vermischen und darüberträufeln. Die Ruccola-Blätter waschen und hacken, den Parmesan grob raspeln und beides auf dem Carpaccio verteilen. Vor dem Servieren etwas durchziehen lassen.

Vegetarisches Schmalz

2 Zwiebeln
1 mittelgroßer Apfel
125 g Kokosfett
75 ml Olivenöl
Salz, Pfeffer
Majoran (frisch oder
getrocknet)

Die Zwiebeln und den Apfel fein würfeln. Kokosfett mit Olivenöl erwärmen und Zwiebeln darin hellbraun anrösten. Apfelwürfel dazugeben und mit den Gewürzen abschmecken. In ein gut verschließbares Glas füllen und im Kühlschrank fest werden lassen (hält mindestens drei bis vier Wochen).

Schafskäse-Zucchini-Taler

125 g Schafskäse
3 Eier
1 TL Mehl
2 EL Petersilie
2 EL frischer Dill
Salz
edelsüßes Paprikapulver
3 mittelgroße Zucchini
Olivenöl zum Braten

Den Schafskäse in kleine Stücke schneiden und mit einer Gabel zerdrücken. Mit den Eiern, dem Mehl, der gehackten Petersilie und dem gehackten Dill vermischen. Mit Salz und Paprikapulver würzen. Die Zucchini von den Stielansätzen befreien, abschaben und waschen. Anschließend quer in etwa daumendicke Scheiben schneiden.

Das Öl in einer Pfanne erhitzen. Die Zucchinistücke darin von einer Seite anbraten und danach wenden. Auf jede Scheibe etwas von der Schafskäsemischung geben. Die Scheiben nach etwa zwei Minuten nochmals wenden und die mit dem Käse belegte Seite braun braten. Die Zucchini vor dem Servieren auf Küchenpapier abtropfen lassen.

Süß-saure Zwiebeln

1 TL Kristallzucker
1 EL Wasser
15 g Butter
2 Lorbeerblätter
450 g Zwiebeln
50 ml Weißwein
Salz, Pfeffer
100 g rote Weintrauben
evtl. 1 Bd. Petersilie

Zucker in einem Esslöffel Wasser auflösen und in einer schweren Pfanne so lange erhitzen, bis er karamellisiert. Sofort die Butter und die Lorbeerblätter einrühren.

Die Zwiebeln hacken, zugeben und einige Minuten dünsten, dann mit Wein ablöschen. Mit Salz und Pfeffer würzen, aufkochen, anschließend die Pfanne abdecken und 20 Minuten köcheln lassen. Weintrauben halbieren, entkernen, dazugeben und weitere zehn Minuten ohne Deckel köcheln lassen. Abschmecken und die Lorbeerblätter herausnehmen.

Die Zwiebelmasse in kleine Schüsseln verteilen und nach Belieben mit fein gehackter Petersilie garnieren. Die süß-sauren Zwiebeln können heiß oder kalt gegessen werden.

Von der klassischen Vorspeise mit Frittaten, Backerbsen & Co. hat sie sich schon lange in die Liga der Hauptspeisen eingeschlichen – die Suppe. Und das zu Recht, denn Suppen wärmen nicht nur an frostigen Wintertagen, Suppen kann man einfach aus allem machen. Aus allen Arten von Gemüse, mit allen Arten von Einlagen, klar oder püriert ist die Suppenküche eine der originellsten überhaupt.

Suppen-Kapitel

Klare Gemüsebrühe

2 Zwiebeln
12 Gewürznelken
1 Knoblauchzehe
6 Karotten
4 Lauchstangen
2 Selleriestangen
40 g Butter
1 EL Olivenöl
3 l Wasser
4 Lorbeerblätter
2 frische Thymianzweige
1 Bd. Petersilie

Zwiebeln schälen und eine davon mit den Nelken spicken. Die zweite Zwiebel, Knoblauch, Karotten, Lauch- und Selleriestangen klein hacken.
Butter und Olivenöl in einem großen schweren Topf erhitzen. Knoblauch zugeben und andünsten. Die Zwiebel-, Karotten-, Lauch- und Selleriestücke sowie die gespickte Zwiebel hinzufügen und unter ständigem Umrühren so lange dünsten, bis sie weich werden.
Drei Liter Wasser zugießen, Lorbeerblätter, Thymian und Petersilie beifügen, zum Kochen bringen und anschließend zugedeckt eineinhalb Stunden köcheln lassen.
Danach abkühlen lassen. Die Brühe abermals zum Kochen bringen und weitere 15 Minuten köcheln lassen, durch ein Sieb gießen, Gemüsestücke entfernen und die Flüssigkeit erneut in den Topf geben. Schließlich so lange kochen, bis die Flüssigkeit auf etwa die Hälfte reduziert ist.

Brennnesselsuppe

2 EL Butter
1 Zwiebel
1–2 Knoblauchzehen
1 EL Mehl
3 Kartoffeln
1 l Gemüsebrühe
300 g Brennnesselblätter
1 Msp. Muskatnuss
Salz, Pfeffer
1–2 EL Schlagsahne
1 EL Petersilie

Butter in einem hohen Topf zerlassen, Zwiebel und Knoblauch fein hacken und glasig dünsten, Mehl hinzugeben und kurz mitrösten. Kartoffeln schälen, waschen, in kleine Würfel schneiden und untermengen. Die Gemüsebrühe erhitzen und dazugießen. Alles aufkochen und etwa eine halbe Stunde leicht köcheln lassen. In der Zwischenzeit die Brennnesselblätter waschen und hacken. Wenn die Kartoffelstücke weich sind, die Brennnesseln hinzugeben und kurz mitköcheln lassen. Mit etwas geriebener Muskatnuss, Salz und Pfeffer würzen und mit Schlagsahne verfeinern. Petersilie fein hacken und vor dem Servieren über die Suppe streuen.

Haferflockensuppe

1 EL Butter
1 Bd. Frühlingszwiebeln
1 Tasse Haferflocken
1 TL Bockshornkleesamen
Salz, Pfeffer
Saft von einer Zitrone
1 Msp. edelsüßes Paprikapulver
4–5 Tassen Wasser
4 Karotten
1 kleiner Chinakohl

Butter in einem hohen Topf erhitzen, Frühlingszwiebeln klein schneiden und anbraten. Haferflocken zugeben, mit Bockshornkleesamen, Salz, Pfeffer, Zitronensaft und Paprikapulver würzen und mit Wasser aufgießen. Karotten in Würfel schneiden, dazugeben und etwa eine halbe Stunde auf kleiner Flamme bei geschlossenem Deckel kochen. Chinakohl in Streifen schneiden, dazugeben und kurz ziehen lassen.
Nach Belieben mit etwas mehr Salz und Pfeffer abschmecken.

Karotten-Topinambur-Suppe

FÜR 6–8 PERSONEN

700 g Topinamburknollen
450 g Karotten
3 Selleriestangen
1 mittelgroße Zwiebel
75 g Butter
Salz
1,5 l heiße Gemüsebrühe
Pfeffer
2–3 EL Crème fraîche
einige Blätter frische
Petersilie

Die Topinamburknollen schälen und von den festen Stücken befreien, die Karotten putzen und beides grob würfeln. Die faserigen Stücke der Selleriestangen abschälen und den Rest grob hacken. Die Zwiebel schälen und grob hacken.

Die Butter zerlassen und die Zwiebel- und Selleriestücke bei geringer Hitze einige Minuten darin anschwitzen. Die Topinamburknollen mit den Karotten in den Topf geben. Etwas Salz und die Gemüsebrühe zufügen und das Gemüse bei sehr schwacher Hitze zugedeckt für zehn Minuten dünsten. Anschließend die Suppe zugedeckt weitere 20 Minuten leicht köcheln lassen, bis das Gemüse weich ist. Die Suppe etwas abkühlen lassen und mit einem Handmixer pürieren. Nach Geschmack mit Salz und Pfeffer würzen und erneut erhitzen. Mit je einem Klecks Crème fraîche und einigen Petersilienblättern garniert servieren.

Kürbissuppe

FÜR 6 PERSONEN

1,2 kg Butternusskürbis
Butter zum Einfetten
2 EL Olivenöl
1 große Zwiebel
2 TL gemahlener Kreuz-
kümmel
1 Karotte
1 Stange Sellerie
1 l Gemüsebrühe
Salz, Pfeffer
Sauerrahm
Petersilie
1 Msp. Muskatnuss

Den Backofen auf 180 °C vorheizen. Den Kürbis schälen und in Stücke schneiden. Die Kürbisstücke in einer Lage auf ein eingefettetes Backblech geben und mit der Hälfte des Öls bestreichen. Den Kürbis etwa eine halbe Stunde im Backofen backen, bis er weich und an den Rändern leicht angebräunt ist.

Das restliche Öl in einem großen Topf erhitzen. Die Zwiebel in kleine Würfel schneiden und zusammen mit dem Kreuzkümmel andünsten. Karotte und Sellerie waschen, in Würfel schneiden und unter ständigem Rühren mitgaren lassen. Die Kürbisstücke und die Suppe zufügen, aufkochen lassen, die Hitze reduzieren und 20 Minuten köcheln lassen. Danach die Suppe abkühlen lassen und anschließend pürieren. Die pürierte Suppe zurück in den Topf geben und langsam erhitzen, ohne sie nochmals aufzukochen. Mit Salz und Pfeffer abschmecken. Vor dem Servieren jeweils einen Klecks Sauerrahm auf die Suppe setzen und mit etwas Petersilie und Muskatnuss bestreut servieren.

Linsen-Kartoffel-Suppe

10 Frühkartoffeln
900 ml Wasser
2 Knoblauchzehen
225 g kleine grüne Linsen
3 EL Olivenöl
800 g gehackte Tomaten
aus der Dose
Pfeffer, Salz
50 g Parmesan
1 Bd. Petersilie

Die Kartoffeln waschen und ungeschält in etwa gleich große Würfel schneiden. In einem hohen Topf etwa 900 ml Wasser zum Kochen bringen, die Kartoffelstücke hineingeben und alles zehn Minuten lang kochen lassen.

Knoblauch pressen und zusammen mit Linsen, Olivenöl, Tomaten und Pfeffer hinzufügen. Aufkochen und 40 Minuten leicht köcheln lassen. Mit Salz und etwas mehr Pfeffer abschmecken. Vor dem Servieren mit Parmesan und gehackter Petersilie bestreuen.

Maissuppe

2 dicke Scheiben Weißbrot
etwas Olivenöl
0,5 TL Kreuzkümmel
1 EL Olivenöl
1 mittelgroße Zwiebel
2 Dosen Mais à 420 g
400 ml klare Gemüsebrühe

Den Backofen auf 180 °C vorheizen. Die Brotscheiben entrinden und jeweils auf einer Seite mit etwas Olivenöl beträufeln. Dann den Kreuzkümmel darüberstreuen und vorsichtig in das Brot drücken. Jede Brotscheibe in große Würfel schneiden, auf ein Backblech legen und im Backofen fünf bis sieben Minuten goldbraun rösten.

In der Zwischenzeit in einem großen Tropf das Olivenöl leicht erhitzen. Die Zwiebel fein hacken, hinzufügen und unter gelegentlichem Rühren etwa fünf Minuten glasig braten. Den Mais aus den Dosen abseihen und pürieren. Das Maispüree und die Brühe in den Topf zu den Zwiebeln geben. Alles bei mittelschwacher Hitze unter gelegentlichem Rühren etwa fünf Minuten erhitzen. Die gerösteten Brotstücke vor dem Servieren über die Suppe streuen.

Maronensuppe mit Kichererbsen

200 g getrocknete
Kichererbsen
450 g Maronen
2,5 l Wasser
3 Selleriestangen
4 Lorbeerblätter
7 EL Olivenöl
4 Knoblauchzehen
Salz, Pfeffer
4 Scheiben Weißbrot

Die Kichererbsen über Nacht in ausreichend kaltem Wasser einweichen. Am nächsten Tag den Backofen auf 200 °C vorheizen.

Die Schalen der Maronen leicht anritzen, alle auf einem Backblech verteilen und 40 Minuten backen. Etwas abkühlen lassen und die Schale abziehen.

In der Zwischenzeit die Kichererbsen abgießen und zusammen mit dem frischen Wasser in einen großen Topf geben. Sellerie, Lorbeerblätter und zwei Esslöffel Olivenöl hinzufügen. Aufkochen und zehn Minuten lang kochen lassen. Die Hitze reduzieren und weitere 40 Minuten köcheln lassen, bis die Kichererbsen zart sind und die Flüssigkeit eingekocht ist.

Das restliche Olivenöl in einer Bratpfanne erhitzen und die geschälten Maronen zusammen mit dem Knoblauch goldbraun braten.

Lorbeerblätter und Selleriestangen aus der Suppe nehmen und die Maronen, den Knoblauch und das Olivenöl einrühren. Mit Salz und Pfeffer würzen.

Die Brotscheiben toasten, damit den Boden einer Suppenterrine bedecken und die Suppe darübergießen. Vor dem Servieren zwei bis drei Minuten ziehen lassen.

Pastinaken-Apfel-Suppe

FÜR 6 PERSONEN

1 TL Koriandersamen
1 TL Kreuzkümmel
Samen aus
6 Kardamomkapseln
50 g Butter
1 EL Erdnussöl
2 Zwiebeln
2 Knoblauchzehen
1 TL Kurkuma
1 TL gemahlener Ingwer
700 g junge Pastinaken
1,25 l klare Gemüsebrühe
Salz, Pfeffer
1 Apfel

Eine Pfanne erhitzen und Koriander, Kreuzkümmel und Kardamom ohne Öl darin rösten. Sobald sie sich zu verfärben beginnen, die Gewürze vom Herd nehmen und in einem Mörser zerstoßen.
Butter und Öl im Topf erhitzen, Zwiebeln hacken und kurz darin dünsten. Knoblauch hacken, ebenfalls beigeben und alles für ein paar Minuten garen lassen. Kurkuma und Ingwer mit den Gewürzen vermischen und einrühren. Die Pastinaken schälen und in etwa gleich große Würfel schneiden. Diese in den Topf geben und gut umrühren. Die Brühe erhitzen, dazugießen, salzen, pfeffern und bei möglichst geringer Hitze etwa eine Stunde ohne Deckel köcheln lassen. Die fertige Suppe schließlich vom Herd nehmen und pürieren. Nach Belieben mit mehr Gewürzen abschmecken und wieder auf den Herd stellen. Schließlich den Apfel schälen und in die Suppe reiben, wenn diese gerade den Siedepunkt erreicht. Die Suppe nur drei bis vier Minuten köcheln lassen und rasch servieren.

Selleriesuppe

FÜR 6 PERSONEN

550 g Knollensellerie
450 g Stangensellerie
1 Zwiebel
1,5 l klare Gemüsebrühe
3 Lorbeerblätter
Salz, Pfeffer
*2 EL Joghurt oder Crème
fraîche*
einige Sellerieblätter

Den Sellerie nach dem Schälen wiegen und in große Stücke schneiden, ebenso die Zwiebel. Die Zutaten in einen Topf geben, Gemüsebrühe und Lorbeerblätter, etwas Salz und Pfeffer zufügen. Die Suppe zum Kochen bringen und zugedeckt im Backofen drei Stunden bei 140 °C sanft köcheln lassen. Anschließend die Lorbeerblätter herausnehmen und die Suppe etwas abgekühlt pürieren. Danach die Suppe in den Topf zurückgießen und erneut kurz zum Kochen bringen. Probieren und nach Geschmack nachwürzen. Einen Klecks Joghurt oder Crème fraîche darübergeben und mit Sellerieblättern garniert servieren.

Wurzelgemüsebrühe

FÜR 6 PERSONEN

250 g Karotten
250 g Knollensellerie
250 g Lauch
250 g gelbe Rüben
1 kleine Zwiebel
3 Lorbeerblätter
1,5 l klare Gemüsebrühe
Salz, Pfeffer
3 EL Joghurt
etwas Schnittlauch

Karotten, Sellerie, Lauch, gelbe Rühen und Zwiebel putzen bzw. schälen, waschen und in etwa gleich große Stücke schneiden. Zusammen mit den Lorbeerblättern in die Gemüsebrühe geben und diese langsam zum Kochen bringen, dann zugedeckt auf der untersten Einschubleiste drei Stunden bei 140 °C im Backofen stehen lassen. Die Lorbeerblätter entfernen und die Brühe pürieren, dann langsam wieder erwärmen und in Schüsseln verteilen. Vor dem Servieren jeweils einen Klecks Joghurt und etwas grob gehackten Schnittlauch draufsetzen.

Genauso schnell zubereitet wie gesund. Und das Beste: Es findet einfach alles an Gemüse, Salaten, Sprossen und Nüssen seinen Platz in der Salatschüssel.

Darüber hinaus ist der wunderbaren Welt der Marinaden keine Grenze gesetzt: Probieren Sie verschiedene Kombinationen von Ölen und Essigen oder säuern Sie mit Zitrone statt mit Essig, nehmen Sie Sojasauce oder Tamari statt Salz, verwenden Sie verschiedene Pfefferarten, mischen Sie Senf oder Senfpulver unter, süßen Sie mit Honig, Ahornsirup oder Zucker, mischen Sie Schlagsahne, Joghurt oder Schafskäse unter, geben Sie dem Dressing mit Hefeflocken einen nussigen Geschmack, verfeinern Sie mit etwas Suppenwürze ...

Eichhörnchen-& andere Salate

Brokkolisalat

FÜR 6 PERSONEN
ALS BEILAGE

2 große Köpfe Brokkoli
Salz
3 Tomaten
½ Bd. Schnittlauch
½ Knoblauchzehe
2 TL Dijonsenf
6 EL Olivenöl
2 EL Weißweinessig
Salz, Pfeffer

Den Brokkoli in kleine Röschen teilen. Strünke von holzigen Teilen befreien, der Länge nach halbieren und in dünne Scheiben schneiden. Ausreichend Salzwasser zum Kochen bringen und die Brokkolistücke kurz darin blanchieren, anschließend abtropfen lassen und sorgfältig trocken tupfen. Die Tomaten halbieren, vorsichtig entkernen, in dünne Streifen schneiden und zu dem Brokkoli in eine Schüssel geben. Schnittlauch fein hacken und ebenfalls untermengen. Knoblauch sehr fein hacken und mit den restlichen Zutaten für das Dressing vermischen und dieses über die Gemüsemischung gießen. Gut durchmischen und nach Belieben mit Salz und Pfeffer abschmecken.

Coleslaw

FÜR 6 PERSONEN

2 Karotten
1 Fenchelknolle
3–4 Radieschen
1 Rote Bete oder
1 weiße Rübe
½ Sellerieknolle
400 g Rot- und Weißkohl
½ rote Zwiebel
1 Schalotte
Zitronensaft
Olivenöl
250 g Joghurt
2 EL Senf
1 Bd. frische Kräuter

Karotten, Fenchel, Radieschen, Rote Bete, Rübe und Sellerie schälen bzw. putzen und alles fein raspeln. Kohl, Zwiebel und Schalotte in dünne Scheiben schneiden und unter das Gemüse mischen. Zitronensaft, etwas Olivenöl, Joghurt und Senf vermischen. Die Kräuter fein hacken und ebenfalls untermischen. Das Dressing über das Gemüse gießen und sorgfältig vermischen. Kurz durchziehen lassen und nach Belieben mit Salz und Pfeffer abschmecken.

Couscoussalat

1 Aubergine
1 Zucchini
2 Knoblauchzehen
2 rote Chilischoten
1 rote Paprikaschote
2 rote Zwiebeln
125 g Couscous
½ TL Kreuzkümmel
½ TL edelsüßes Paprika-
pulver
1 Msp. Chilipulver
Salz, Pfeffer
3 EL Olivenöl
1 Bd. Koriander

Aubergine und Zucchini in etwa gleich große Scheiben schneiden. Öl in einer Pfanne erhitzen und die Auberginenscheiben auf beiden Seiten einige Minuten anbraten, danach herausnehmen und die Zucchinischeiben ebenfalls an beiden Seiten anbraten. Knoblauch fein hacken und glasig dünsten. Ebenfalls Paprika- und Chilischoten im Ganzen und getrennt voneinander an allen Seiten anbraten. Die Zwiebeln würfeln und fünf Minuten dünsten.

Anschließend den Couscous mit kochendem Wasser übergießen und so lange ziehen lassen, bis er die gesamte Flüssigkeit aufgesogen hat. Wenn das Gemüse abgekühlt ist, schälen, entkernen und in etwa gleich große Stücke schneiden. Anschließend mit dem Couscous vermengen. Die Gewürze hinzufügen und gut durchmischen. Olivenöl darüberträufeln und mit gehacktem Koriander garniert servieren.

Kartoffelsalat mit Safran

1 kg kleine Kartoffeln
4 Frühlingszwiebeln
½ TL Safranfäden
3 EL Kapern
125 g Crème fraîche
125 g Joghurt
1 TL geriebene Zitronen-
schale
Salz, Pfeffer
½ Bd. Schnittlauch

Kartoffeln waschen und in kochendem Salzwasser etwa 20 Minuten garen. Abgießen und auskühlen lassen. Die Frühlingszwiebeln putzen und in Röllchen schneiden. Die Safranfäden in einem Teelöffel heißem Wasser einweichen. Frühlingszwiebeln und Safran mit den restlichen Zutaten in einer Schüssel verrühren und schließlich die Kartoffeln untermischen. Zudecken und eine halbe bis eine Stunde durchziehen lassen. Vor dem Servieren mit grob gehacktem Schnittlauch bestreuen.

Krautsalat

FÜR 4–6 PERSONEN

½ Weißkohlkopf
½ Rotkohlkopf
8–10 Radieschen
2 Karotten
1 Bd. Koriandergrün
2 grüne Chilischoten
1 rote Zwiebel
Olivenöl
Saft von 2–3 Limetten
Salz

Kohlköpfe getrennt in dünne Streifen raspeln. Radieschen und Karotten in dünne Scheiben schneiden, Koriander fein hacken. Weißkohl mit den Radieschen, den Karotten und einem Großteil des Korianders vermischen. Chilischoten putzen, die Stiele entfernen und hacken, Zwiebel in dünne Scheiben schneiden und beides zum restlichen Gemüse geben. Einen guten Schuss Olivenöl untermischen. Anschließend einen Großteil des Limettensafts untermengen, salzen und alles gut vermischen. Kurz vor dem Servieren die Rotkohlstreifen unterheben. Rotkohl erst zum Schluss beifügen, damit er das restliche Gemüse nicht einfärbt.

Linsen-Zwetschgen-Salat

400 g Zwetschgen
200 g Beluga-Linsen
1 l Wasser
2 TL klare Gemüsebrühe
4 EL Olivenöl
2 Zwiebeln
4 EL Balsamico-Essig
½ Bd. Petersilie
300 g Schafskäse
etwas Cayennepfeffer

Zwetschgen waschen, entkernen und in etwa gleich große Spalten schneiden. Linsen im kalten Wasser so lange kochen lassen, bis sie weich sind, danach abgießen. Die Brühe in etwas heißer Flüssigkeit auflösen und unter die Linsen mischen. Olivenöl in einer kleinen Pfanne erhitzen, Zwiebel hacken und darin dünsten. Zwetschgen zugeben und kurz mitdünsten lassen, anschließend mit Essig ablöschen. Petersilie waschen, trocken tupfen und die Blättchen abzupfen, einen kleinen Teil davon fein hacken. Schafskäse in nicht zu dünne Scheiben schneiden und zusammen mit den Linsen und der gehackten Petersilie auf vier Tellern anrichten. Die Zwetschgenmischung darauf verteilen. Mit etwas Cayennepfeffer abschmecken, die restliche Petersilie fein hacken und darüberstreuen.

Linsensalat

150 g Beluga- oder braune
Linsen
Salz
1 rote Paprikaschote
1 grüne Paprikaschote
2 Salatgurken
4 EL Olivenöl
1 Zwiebel
1 Knoblauchzehe
Pfeffer
½ Bd. Petersilie
½ Bd. Basilikum
6 EL Balsamico-Essig

Die Linsen waschen und in ausreichend Wasser so lange kochen lassen, bis sie weich sind, danach abgießen. In der Zwischenzeit die Paprikaschoten halbieren, entkernen und in feine Streifen schneiden. Die Gurken ebenfalls in Scheiben schneiden. Die Zwiebel fein würfeln und Knoblauch fein hacken. Die noch heißen Linsen in eine große Schüssel geben und die Paprikastreifen, Zwiebelwürfel und den Knoblauch beimengen und kurz ziehen bzw. auskühlen lassen. Die Gurkenscheiben zu den abgekühlten Linsen geben und den Salat mit Olivenöl, Pfeffer, Salz, Essig vermischen. Petersilie und Basilikum fein hacken und ebenfalls untermischen.

Waldorfsalat

300 g Knollensellerie
200 g säuerliche Äpfel
2 EL Zitronensaft
½ TL Salz
50 g Walnusskerne
150 g Mayonnaise
125 ml Schlagsahne
½ – 1 TL Zucker

Die Sellerieknolle schälen, waschen, trocken tupfen und in dünne Streifen schneiden. Die Äpfel schälen, vom Kerngehäuse befreien, stifteln und zu den Selleriestücken geben. Durchmischen und mit Zitronensaft beträufeln, damit sich Sellerie- und Apfelstücke nicht verfärben. Das Salz untermischen, zudecken und etwa eine Stunde an einem kühlen Ort ziehen lassen. Die Walnusskerne hacken und mit Mayonnaise, Schlagsahne und Zucker vermengen. Die Nuss-Mayonnaise-Mischung vorsichtig unter den Salat ziehen.

Mediterraner Spaghettisalat

750 g Tomaten
2 Zwiebeln
1 Bd. Petersilie
24 Oliven
einige Kapern
2 Knoblauchzehen
Oregano
1 EL Essig
15 EL Olivenöl
1 Prise Zucker
Salz, Pfeffer
500 g Spaghetti

Die Tomaten überbrühen, enthäuten und in kleine Stücke schneiden. Zwiebeln und Petersilie fein hacken und die Oliven in kleine Scheiben schneiden. Alles mit den Kapern und etwas Kapernsaft zu den Tomaten geben. Knoblauch fein hacken. Reichlich Oregano zerreiben und mit Essig, Öl, Zucker, Salz und Pfeffer und dem gehackten Knoblauch vermischen. Über das Gemüse gießen, zudecken und etwa 24 Stunden an einem kühlen Ort ziehen lassen.

Am nächsten Tag die Nudeln bissfest kochen, abseihen und unter den Salat mengen. Der Spaghettisalat kann sowohl kalt als auch warm serviert werden. Auf der heißen Variante empfiehlt sich eine dicke Schicht Parmesan.

Melonensalat mit Schafskäse

FÜR 8 PERSONEN

1 kleine rote Zwiebel
3 Limetten
1,5 kg vollreife Wassermelone
250 g Schafskäse
1 Bd. Petersilie
1 Bd. frische Minze
3–4 EL Olivenöl
100 g schwarze Oliven
Pfeffer

Zwiebel schälen, halbieren, in dünne Ringe schneiden und mit reichlich Limettensaft beträufeln. So lange durchziehen lassen, bis die Zwiebelstücke ein leuchtendes Rot annehmen, dann hat die Zwiebel ihre Schärfe verloren.

Die Wassermelone schälen, entkernen und in etwa gleich große, dreieckige Stücke schneiden. Den Schafskäse in ebenso große Stücke schneiden und zu den Melonenstücken geben. Die Petersilie grob zupfen, die Minze hacken und beides dazugeben. Die Zwiebelstücke samt Limettensaft über den Salat gießen, Öl und Oliven zugeben und alles gut vermischen. Vor dem Servieren mit reichlich Pfeffer abschmecken.

Rote-Bete-Karotten-Salat

500 g kleine Rote Beten
300 g Karotten
8 Radieschen
100 g Kürbiskerne
150 g Sauerrahm
1 Knoblauchzehe
Saft von 2 (Blut-)Orangen
2 EL flüssiger Honig
2 EL Weinessig
1–2 rote Chilischoten
Salz, Pfeffer
1 kleiner Bd. frische Minze

Rote Beten, Karotten und Radieschen putzen und Rüben und Karotten getrennt in zwei Töpfen mit ausreichend kochendem Salzwasser so lange garen lassen, bis sie weich sind. Einige Minuten bevor die Karotten weich sind, die Radieschen zugeben.

Für das Dressing Knoblauch pressen, Chilischote entkernen und fein hacken, die Blätter der Minze zupfen und einen Großteil davon grob hacken. Sämtliche Zutaten in einer großen Schüssel vermischen, salzen und pfeffern und mit Essig abschmecken.

Das fertig gekochte Gemüse abgießen und trocken tupfen. Die Roten Beten auskühlen lassen, schälen und halbieren oder vierteln. Radieschen und Karotten gleich in dem Dressing wenden.

Die Kürbiskerne in einer Pfanne ohne Fett rösten. Die Roten Beten unter das Gemüse mischen und nach Belieben noch einmal abschmecken. Den Sauerrahm verrühren, auf einem großen Teller verstreichen und das Gemüse darauf anrichten. Mit den Kürbiskernen und den Minzeblättern bestreuen.

Warmer Rote-Bete-Salat

FÜR 4–6 PERSONEN

4 Rote Beten
3 rote Zwiebeln
4 EL Öl
20 g Butter
1 TL gemahlener Kreuz-
kümmel
1 TL Vollrohrzucker
2 EL Orangensaft
2 EL Orangenzesten
150 g Sauerrahm
2 EL Schnittlauchröllchen
1 EL gehackter frischer
Thymian
1 TL Zitronensaft

Den Backofen auf 180 °C vorheizen. Die Roten Beten von den Blattstängeln befreien und gründlich, aber vorsichtig waschen – sie dürfen nicht verletzt werden, da sie sonst während des Kochens ausbluten. Die Zwiebeln schälen und mit ihrem Wurzelansatz in jeweils sechs gleich große Spalten schneiden. Die Roten Beten und die Zwiebelspalten auf ein Backblech legen, mit Öl beträufeln und etwa eine Stunde im Backofen garen lassen. Danach das Gemüse leicht auskühlen lassen, die oberen und unteren Enden der Rote-Bete-Knollen abschneiden, enthäuten und in Spalten schneiden. Butter in einer großen Pfanne zerlassen, Kreuzkümmel und Zucker vermischen, einrühren und kurz durchziehen lassen, mit dem Orangensaft ablöschen und so lange köcheln lassen, bis der Saft reduziert ist. Die Rote-Bete-Spalten und die Orangenschale zugeben und bei schwacher Hitze ein bis zwei Minuten köcheln und dabei umrühren. Für das Dressing alle Zutaten vermengen. Die Rote-Bete- und die Zwiebelspalten anrichten und mit Dressing übergießen.

Feldsalat

200 g Feldsalat
4 Knoblauchzehen
4 mittelgroße Kartoffeln
4 Eier
Kürbiskernöl
Walnussessig
Salz, Pfeffer
100 g Kürbiskerne

Den Feldsalat waschen, trocken schleudern, auf vier Teller verteilen und je eine Knoblauchzehe hineinpressen.
Kartoffeln und Eier kochen, schälen, in nicht zu große Stücke schneiden und noch warm ebenfalls auf die Teller verteilen. Öl, Essig, Salz und Pfeffer vermischen und über den Salat gießen. Kürbiskerne in einer heißen Pfanne ohne Fett rösten und vor dem Servieren über die Salate streuen.

Eichhörnchensalat

2 Kopfsalate
2 säuerliche Äpfel
2 EL Zitronensaft
2 EL Walnussöl
1 ½ EL Weißweinessig
1 TL Orangensaft
Salz, Pfeffer
3 gehackte Walnusskerne

Von den Salaten die äußeren Blätter entfernen, die Innenblätter zerkleinern und mit den Salatherzen waschen. Gut abtropfen lassen, eventuell trocken schleudern. Die Äpfel waschen, vierteln, entkernen, in Scheiben schneiden und mit dem Zitronensaft beträufeln.
Für die Marinade das Walnussöl mit Essig und etwas Orangensaft vermischen, mit Salz und Pfeffer abschmecken. Über den Salat gießen, gut vermengen und abschließend mit den gehackten Nüssen bestreuen.
Mit frischem Nussbrot servieren.

Das Wort »Beilagen« wird dem, wovon hier die Rede ist, schlicht und einfach nicht mehr gerecht. Versammelten sich früher Babykarotten und Erbsen aus der Tiefkühltruhe auf dem Extrateller, so haben heute manche Beilagen schon beinahe Hauptmahlzeitcharakter. Und das Gemüse aus dem Backofen zum Beispiel schmort wie von allein.

Zum
Dazuessen

Frühlingsgemüse aus dem Backofen

4 kleine Fenchelknollen
2 Karotten
2 rote Zwiebeln
1 große Süßkartoffel
60 g Honig
1 EL Zitronensaft
1 EL Olivenöl

Backofen auf 200 °C vorheizen. Fenchelknollen, Karotten und Zwiebeln halbieren, Süßkartoffel vierteln. Gemüse vermischen und auf einem Backblech verteilen. Honig, Zitronensaft und Olivenöl vermischen und über das Gemüse gießen. Durchziehen lassen und etwa eine Dreiviertelstunde schmoren lassen.

Sommergemüse aus dem Backofen

1 kg gemischtes Gemüse:
1 rote und 1 gelbe
Paprikaschote
3 Tomaten
1 Aubergine
2 Zucchini
2 rote Zwiebeln
Spargel
1 Bd. Frühlingszwiebeln
Olivenöl
Salz, Pfeffer

Backofen auf 200 °C vorheizen. Paprikaschoten entkernen und vierteln, Tomaten halbieren, Aubergine und Zucchini in etwa daumendicke Scheiben, Zwiebeln in etwas dünnere Scheiben schneiden. Spargel von den holzigen Enden befreien. Das Gemüse zusammen mit den Frühlingszwiebeln vermischen, mit reichlich Olivenöl bestreichen und mit Salz und Pfeffer würzen. Grillen, bis das Gemüse angebräunt ist, dabei ein- bis zweimal wenden. Das Gemüse am besten mit Pesto und getoastetem Weißbrot servieren.

Herbstgemüse aus dem Backofen

750 g Kürbis
500 g Süßkartoffeln
4 Zucchini
1 TL edelsüßes Paprika-
pulver
1 TL gemahlener Kreuz-
kümmel
½ TL Chilipulver
2 TL Rosmarinnadeln
2 EL Olivenöl
Salz, Pfeffer

Backofen auf 180 °C vorheizen. Kürbis in kleine Stücke schneiden, Süßkartoffeln vierteln und Zucchini halbieren. Alles zusammen in eine Schüssel geben. Gewürze und Kräuter mit Olivenöl vermischen und zu der Gemüsemischung geben. Durchziehen lassen, auf einem mit Backpapier ausgelegten Blech verteilen und etwa eine Drei-viertelstunde backen lassen. Das Ofengemüse schmeckt gut mit Hummus und getoastetem Fladenbrot.

Wintergemüse aus dem Backofen

FÜR 6 PERSONEN

350 g Knollensellerie
350 g Petersilienwurzeln
350 g Süßkartoffeln
350 g Hokkaido- oder
Gartenkürbis
12 Schalotten
1 EL frische Kräuter
(z. B. Rosmarin, Thymian)
2–3 Knoblauchzehen
3 EL Olivenöl
Salz, Pfeffer

Backofen auf 220 °C vorheizen. Gemüse schälen, Kürbis auch von den Kernen befreien und alles in große Stücke schneiden. Kräuter fein hacken, Knoblauch pressen, beides mit Olivenöl vermischen und über die Gemüsestücke gießen. Mit Salz und Pfeffer abschmecken und sorgfältig durchmischen. Alles gleichmäßig in einer Auflaufform verteilen und im Backofen etwa eine halbe Stunde backen. Wenn sich das Gemüse an den Rändern zu ver-färben beginnt, aus dem Backofen nehmen. Heiß servieren.

Erbsenpüree

FÜR 6 PERSONEN

350 g halbe gelbe Erbsen
1 kleine Kartoffel
1 kleine Zwiebel oder
Schalotte
1 Knoblauchzehe
1 kleiner Bd. Kräuter
(Rosmarin, Salbei,
Thymian, Lorbeer)
2 Gewürznelken
30 g Butter
Salz, Pfeffer

Erbsen über Nacht in Wasser einweichen, am nächsten Tag abseihen und waschen. Mit der Kartoffel, Zwiebel, Knoblauch, Kräutern und Gewürznelken in einen Topf geben und mit kaltem Wasser bedecken. Alles zum Kochen bringen, zudecken und etwa eineinhalb Stunden langsam so lange köcheln lassen, bis die Erbsen weich sind. Dann abgießen, Kräuter und Gewürznelken entfernen. Butter, Salz und Pfeffer zufügen und alles gründlich stampfen, bis das Erbsenpüree eine cremige Konsistenz erhält.

Grüne Bohnen mit Tomatensauce

FÜR 6 PERSONEN

700 g grüne Bohnen
2 Knoblauchzehen
etwas Olivenöl
1 Dose Tomaten (400 g)
Salz, Pfeffer

Ausreichend Salzwasser zum Kochen bringen. Inzwischen die grünen Bohnen putzen und in gleich lange Stücke schneiden, ins Wasser geben und so lange blanchieren, bis sie weich sind.
Für die Tomatensauce Knoblauch fein hacken.
Öl in einer Pfanne erhitzen, Knoblauch anbraten, Tomaten hinzufügen, zum Kochen bringen. Mit Salz und Pfeffer würzen und etwa 20 Minuten köcheln lassen. Wenn die Bohnen gar sind, in die Sauce einrühren und vor dem Servieren noch kurz durchziehen lassen.

Gebackener Fenchel

FÜR 6 PERSONEN

2 Fenchelknollen
24 Cocktailtomaten
1 große Handvoll
schwarze Oliven
½ Bd. frischer Thymian
2 Knoblauchzehen
Salz, Pfeffer
Olivenöl
1 Glas Weißwein
1–2 EL Butter

Backofen auf 220 °C vorheizen. Fenchelknollen von den Stielen befreien, das Fenchelkraut fein schneiden und auf einem Backblech verteilen. Die Knollen grob würfeln und etwa zehn Minuten in ausreichend kochendem Salzwasser garen, danach abtropfen lassen und zum Kraut aufs Backblech legen. Die Haut der Tomaten leicht einstechen, ins noch heiße Fenchel-Kochwasser geben und kurz blanchieren. Danach abgießen und mit reichlich kaltem Wasser abschrecken. Die Haut abziehen und die Tomaten auf das Blech dazulegen. Knoblauch in feine Scheiben schneiden, Oliven entkernen, Thymianblätter zupfen, alles vermischen, mit Salz und Pfeffer würzen. Etwas Olivenöl hinzufügen, alles gut durchmischen und über das Gemüse gießen. Sorgfältig vermischen und das Gemüse gut verteilen. Anschließend den Wein daraufgießen und Butterstücke darüber verteilen. Etwa eine halbe Stunde im Ofen backen.

Hummus

450 g Kichererbsen
150 g Tahina (Sesampaste)
6 El Olivenöl
3 Knoblauchzehen
Salz, Pfeffer
2 Msp. Parikapulver
2 Msp. gemahlener Kreuz-
kümmel
Saft von einer Zitrone

Kichererbsen über Nacht in ausreichend kaltem Wasser einweichen, am nächsten Tag abgießen. In einem Topf mit Wasser bedecken, zum Kochen bringen und so lange bei geschlossenem Deckel köcheln lassen, bis die Kichererbsen weich sind. Etwas Kochwasser zurückbehalten.

Kichererbsen mit der Sesampaste vermischen und zu einer glatten Masse pürieren. Nach und nach Öl und etwas von dem Kochwasser dazugießen. Knoblauch fein hacken, mit dem Messerrücken und etwas Salz cremig drücken und mit Salz, Pfeffer, Paprikapulver und Kreuzkümmel vermischen. Abschließend mit dem Zitronensaft abschmecken.

Vor dem Servieren in einer Schüssel anrichten, in der Mitte eine leichte Mulde ausformen, etwas Olivenöl hineingießen und mit etwas Paprikapulver bestreut servieren.

Gebackener Blumenkohl und Brokkoli

225 g Blumenkohl
225 g Brokkoli
1 TL ganze Koriandersamen
2 Knoblauchzehen
Salz, Pfeffer
2 EL Olivenöl

Backofen auf 200 °C vorheizen. Blumenkohl und Brokkoli in gleich große, mundgerechte Röschen teilen. Koriandersamen in einem Mörser zerstoßen und über das Gemüse streuen. Knoblauch und etwas Salz im Mörser zu einer Creme zerstoßen. Das Öl mit einem Schneebesen einrühren und zu Brokkoli und Blumenkohl geben. Alles sorgfältig vermischen, in einer Auflaufform verteilen und mit Salz und Pfeffer würzen. Etwa eine halbe Stunde im Ofen backen. Wenn das Gemüse weich ist, sofort servieren und eventuell Baguette dazu reichen.

Geröstete Karotten

450 g Karotten
2 TL Koriandersamen
½ TL schwarze Pfeffer-
körner
2 Knoblauchzehen
½ Tl Meersalz
2 TL Olivenöl

Backofen auf 230 °C vorheizen. Die Karotten waschen, putzen, trocken tupfen und in vier Zentimeter lange Stücke schneiden. Koriandersamen und Pfefferkörner in einer kleinen Pfanne ohne Fett unter ständigem Rühren so lange anrösten, bis sich die Gewürze verfärben und zu springen beginnen. Danach grob in einem Mörser zerstoßen und zu den Karottenstücken geben. Knoblauch hacken, mit dem Salz vermischen und im Mörser zu einer glatten Creme zerstoßen. Danach das Öl unterrühren und über die Karotten gießen. Alles in einer Auflaufform verteilen und im Backofen etwa eine halbe Stunde garen lassen. Wenn die Karotten bräunlich werden, sind sie fertig.

Kartoffel-Sellerie-Püree

FÜR 8 PERSONEN

900 g Knollensellerie
450 g Kartoffeln
2 Knoblauchzehen
Pfeffer
50 g Butter
150 ml Sahne oder
Crème fraîche
Salz

Sellerie schälen, in Würfel schneiden und in eine Schüssel mit kaltem Wasser einlegen, damit er sich nicht verfärbt.
Kartoffeln schälen und in ebenso große Würfel schneiden. Gemüsewürfel zusammen mit zwei Knoblauchzehen in einem Topf mit Wasser bedecken und dieses zum Kochen bringen. Etwa zehn Minuten weich kochen und durch ein Sieb abgießen und vermischen. Butter, Sahne bzw. Crème fraîche und Pfeffer verrühren und beimengen. So lange mit einem Mixer pürieren, bis eine glatte Masse entsteht. Mit Salz und Pfeffer abschmecken.

Tamarikartoffeln

1 kg Kartoffeln
150 g Butter
4 EL Sesam
Salz, Pfeffer
3 EL Tamari

Backofen auf 200 °C vorheizen. Kartoffeln waschen, putzen und in grobe Würfel schneiden. Butter in einer Pfanne zerlassen, mit den restlichen Zutaten vermischen und mit den Kartoffelwürfeln vermengen. In einen Topf füllen und so lange im Ofen backen, bis die Kartoffeln weich sind.

Zitronenkartoffeln

500 g Kartoffeln
2 Zitronen
1–2 Knoblauchzehen
1 EL Majoran
Salz, Pfeffer
Olivenöl

Backofen auf 220 °C vorheizen. Kartoffeln putzen und der Länge nach vierteln. Die Zitronen in etwa gleich große Spalten schneiden, leicht über den Kartoffelstücken auspressen und untermischen. Knoblauch fein hacken und zusammen mit dem Majoran, Salz und Pfeffer beifügen. Ausreichend Olivenöl hinzufügen, gut durchmischen und für kurze Zeit ziehen lassen. Etwa eine halbe Stunde im Backofen garen lassen, dazwischen ab und an umrühren, damit die Kartoffeln nicht anbrennen.

Kartoffelpüree

8 EL Olivenöl
3 große Knoblauchzehen
900 g Kartoffeln
Salz, Pfeffer

Olivenöl in einem Topf leicht erhitzen, Knoblauchzehen schälen, der Länge nach halbieren und so lange garen lassen, bis sie sehr weich sind. Kartoffeln schälen und in etwa gleich große Stücke schneiden, salzen und so lange dämpfen, bis sie ebenfalls sehr weich sind. Danach zugedeckt einige Minuten ausdampfen lassen und schließlich langsam zerkleinern. Dabei nach und nach das Knoblauchöl zugießen. Die Kartoffelmasse so lange mit einem Schneebesen rühren, bis eine glatte Masse entsteht. Vor dem Servieren mit Salz und Pfeffer abschmecken.

Warmes Kichererbsenpüree

300 ml Sahne
50 g Butter
900 g Kichererbsen
aus der Dose
4 Knoblauchzehen
Salz, Pfeffer

Sahne langsam erhitzen, bis sie zu köcheln beginnt, auf der Herdplatte warm halten. Butter langsam in einer Pfanne zerlassen. Die Kichererbsen abspülen, abtropfen lassen, zur Butter geben. Knoblauch zerdrücken und unter die Kichererbsen mischen. Erhitzen, dabei ab und zu umrühren. Etwa einen Esslöffel von der Kichererbsenmischung beiseitestellen, den Rest pürieren, dabei nach und nach die heiße Sahne zugießen. Wenn eine glatte Masse entstanden ist, mit Salz und Pfeffer würzen, die noch ganzen Kichererbsen vor dem Servieren über das Püree streuen.

Auberginenpüree

FÜR 6 PERSONEN

900 g Auberginen
2 EL Tahina
2 Knoblauchzehen
Saft von einer Zitrone
Salz, Pfeffer
1 EL Olivenöl
2 EL gehackte Petersilie

Backofen auf 180 °C vorheizen. Die Auberginen waschen, trocken tupfen, mit einer Gabel mehrfach leicht einstechen und auf ein Backblech legen. Etwa eine Stunde lang rösten und dabei von Zeit zu Zeit wenden.
Kurz abkühlen lassen, aufschneiden, das Fruchtfleisch herausschaben und leicht ausdrücken.
Mit den restlichen Zutaten vermischen und grob pürieren. Mit Salz und Pfeffer abschmecken. Das Püree mit Petersilie bestreut und mit Olivenöl beträufelt servieren.

Kürbisgemüse

Öl
1 Zwiebel
1 Knoblauchzehe
100 ml Weißwein
150 ml Gemüsebrühe
150 ml Schlagsahne
Rosmarin
Thymian
Salz, Pfeffer
600 g Kürbisfleisch
3 Karotten
¼ Sellerieknolle

Öl erhitzen, Zwiebel und Knoblauch fein hacken und glasig dünsten. Mit Wein ablöschen, Brühe und Schlagsahne vermischen und hinzugießen. Die Gewürze untermischen und etwas einkochen lassen. Inzwischen das Kürbisfleisch in Stücke schneiden, die Karotten und die Sellerieknolle schälen und klein würfeln. Hinzufügen und weich kochen. Vor dem Servieren nochmals abschmecken und nach Belieben mit frischen, klein gehackten Kräutern bestreuen.

Gebackener Kürbis

FÜR 6 PERSONEN

1–1 ½ kg Butternusskürbis
oder Hokkaido-Kürbis
2 TL Koriandersamen
2 TL getrockneter Oregano
½ TL Fenchelsamen
evtl. 2 kleine getrocknete
rote Chilischoten
Salz, Pfeffer
1 Knoblauchzehe
1 EL Olivenöl

Backofen auf 200 °C vorheizen. Den Kürbis putzen, halbieren und die Kerne herausschaben. Den Kürbis zunächst der Länge nach vierteln und dann nochmals alles halbieren, bis die Kürbisspalten etwa fingerdick sind. Alle Kräuter und Gewürze mit Salz und Pfeffer vermischen, Knoblauch zerkleinern und ebenfalls untermischen und alles im Mörser zerstoßen. Olivenöl zufügen und die Kürbisstücke in der Kräuter-Gewürz-Mischung wenden. Danach mit der Schale nach unten auf einem Backblech verteilen und so lange backen, bis sie weich sind und eine knusprige Schale haben, etwa eine halbe Stunde.

Pastinakenpüree

450 g Pastinaken
150 ml Sahne
etwas geriebene Muskatnuss
Salz, Pfeffer

Die Pastinaken schälen, von den holzigen Stücken im Kern befreien und in kleine Würfel schneiden. Die Pastinakenstücke leicht einsalzen und etwa zehn Minuten weich dämpfen. Sahne hinzugeben und so lange pürieren, bis eine glatte Masse entsteht. Mit Muskatnuss, Salz und Pfeffer vermischen, kurz durchziehen lassen und heiß servieren.

Gegrillter Radicchio

3 Radicchioköpfe
Olivenöl
Salz, Pfeffer
Saft von 2 Zitronen
Balsamico-Essig

Eine große Pfanne erhitzen. Radicchioköpfe der Länge nach halbieren und jede Hälfte wieder der Länge nach aufschneiden. Die Blätter müssen jedoch noch durch ein Strunksegment zusammengehalten werden. Mit wenig Öl beträufeln und nur kurz in die Pfanne legen, bis die Blätter eben zusammenfallen.
Auf einer vorgewärmten Platte anrichten, salzen und pfeffern. Mit Zitronensaft, Olivenöl und Balsamico beträufeln. Möglichst heiß servieren.

Wärmendes Sauerkraut

1 Karotte
4 Champignons
1 roter Paprika
4 EL Sesamöl
2 EL Sesam
150 g Sauerkraut
2 EL Apfelessig
Salz, Pfeffer
1 EL Sojasauce
½ TL Kurkuma

Karotte und die Champignons putzen und in dünne Scheiben schneiden. Die Paprikaschote waschen, entkernen und in Streifen schneiden. Die Hälfte des Sesamöls in einer Pfanne erhitzen und das Gemüse darin andünsten.

Inzwischen das Sauerkraut zerpflücken und schließlich das Gemüse untermischen. Das restliche Sesamöl, Sesam, Salz, Pfeffer, Sojasauce, Apfelessig und Kurkuma zu einer glatten Sauce verrühren und diese auf die Sauerkraut-Gemüse-Mischung gießen. Vor dem Servieren alles gut durchmischen.

Selleriepüree

1 Sellerieknolle
Olivenöl
1 Handvoll frische
Thymianblätter
2 Knoblauchzehen
Salz, Pfeffer
3–4 EL klare Gemüsebrühe

Die Sellerieknolle schälen, zunächst in Scheiben und dann in etwa ein Zentimeter große Würfel schneiden. Etwas Öl in einer Kasserolle erhitzen, Selleriestücke hineingeben. Thymian zupfen, Knoblauch fein hacken und zusammen mit Salz und Pfeffer beifügen. Gut durchrühren und einige Minuten anbraten. Die Temperatur bis zum Köcheln reduzieren, Gemüsebrühe zugießen und die Gemüsestücke bei geschlossenem Deckel etwa eine halbe Stunde lang weich kochen. Mit Salz und Pfeffer abschmecken und mithilfe einer Gabel zerdrücken.

Die guten alten Spaghetti bolognese kann man auch wunderbar vegetarisch zubereiten – mit Tofu und Soja alles kein Problem, da wurde schon so mancher überzeugte Fleischesser hinters Licht geführt. Ebenso einfach können aus allen möglichen Gemüsen unzählige Nudelsaucen kreiert werden, als erstes Rezept findet sich sogar eines mit Obst.

Nudelsaucen (nicht nur aus Fleischtomaten)

Fruchtige Pappardelle

FÜR 4–6 PERSONEN

300 g Pappardelle
100 g Butter
1 Zwiebel
2 Äpfel
100 ml Cognac
200 ml Schlagsahne
Salz, Pfeffer
Parmesan zum Bestreuen

Ausreichend Salzwasser zum Kochen bringen und die Pappardelle darin bissfest kochen, abseihen und warm halten. Butter in einer weiten Pfanne zerlassen, Zwiebel fein schneiden und darin glasig dünsten. Äpfel, schälen, entkernen, in Würfel schneiden und zu den Zwiebeln geben. Gut durchrühren und mit Cognac ablöschen, etwa fünf Minuten weiterköcheln lassen, bis die Apfelstücke weich sind. Anschließend die Sahne einrühren, mit Salz und Pfeffer würzen, umrühren und langsam erhitzen, jedoch nicht mehr aufkochen lassen. Die Sauce vor dem Servieren über die Nudeln gießen und mit frisch geriebenem Parmesan bestreuen.

Rigatoni mit Bohnen

FÜR 6 PERSONEN

300 g getrocknete Cannelini-Bohnen oder 800 g gekochte Bohnen aus der Dose
1 Zweig Salbei
1 Zweig Rosmarin
2 Knoblauchzehen
Salz, Pfeffer
evtl. etwas getrocknete Chilischote
200 g Rigatoni
Olivenöl
Parmesan zum Bestreuen

Bohnen über Nacht in ausreichend Wasser einweichen, am nächsten Tag waschen, mit frischem Wasser auffüllen und zum Kochen bringen. In der Zwischenzeit den Knoblauch hacken und nach etwa zehn Minuten zusammen mit den Kräuterzweigen zu den Bohnen geben und bei reduzierter Temperatur etwa eine Stunde weich kochen lassen. Die Bohnen aus der Dose vorher einfach abspülen und gleich mit den Kräutern und dem Knoblauch in kaltem Wasser zum Kochen bringen und etwa 20 Minuten kochen lassen, damit sich das Aroma entfalten kann. Den Flüssigkeitsverlust gegebenenfalls mit etwas frischem Wasser ausgleichen. Anschließend die Bohnen mitsamt der Flüssigkeit durch ein Sieb pressen, um die harten Schalen vom Sugo zu entfernen. Die Bohnenmasse in einen Topf geben, Salz, Pfeffer und nach Belieben Chili hinzufügen. Die Rigatoni im Bohnenpüree bissfest kochen und ab und zu umrühren, damit die Nudeln nicht verkleben. Gegebenenfalls etwas Wasser beifügen. Vor dem Servieren etwas Olivenöl darüberträufeln und mit Parmesan bestreuen.

Erdnussnudeln

300 g Spaghetti
Salz
6 Frühlingszwiebeln
100 g Bio-Erdnussbutter

Ausreichend Salzwasser zum Kochen bringen und die Nudeln darin bissfest kochen. Inzwischen die Frühlingszwiebeln waschen, trocken tupfen und in dünne Scheiben schneiden. Erdnussbutter in etwa 50 Milliliter vom Nudelwasser einrühren, nach Belieben mit etwas Salz nachwürzen, aufkochen. Kurz vor Ablauf der Kochzeit die geschnittenen Frühlingszwiebeln dazugeben und nochmals kurz aufkochen lassen. Spaghetti abseihen, abtropfen lassen und mitsamt der Erdnusssauce servieren.

Pasta mit Brokkoli, Blumenkohl und Gorgonzola

40 g Pinienkerne
100 g Brokkoliröschen
100 g Blumenkohlröschen
2 EL Olivenöl
1 rote Zwiebel
1 EL gehackter Thymian
Salz, Pfeffer
275 g Rigatoni
100 g Gorgonzola

Pinienkerne in einer heißen Pfanne ohne Fett rösten, bis sie goldbraun sind. Brokkoli und Blumenkohl in etwa gleich große Röschen zerteilen und so lange dämpfen, bis sie weich sind. Öl erhitzen, Zwiebel würfeln und glasig dünsten, Thymian, Salz und Pfeffer einrühren. Ausreichend Salzwasser zum Kochen bringen und die Nudeln darin bissfest kochen, abseihen und warm halten. Gorgonzola würfeln und zusammen mit den Pinienkernen und dem Gemüse zu den Zwiebeln geben. Die Sauce über die Pasta gießen, gut durchrühren, mit etwas mehr Salz und Pfeffer abschmecken.

Penne mit Frühlingsgemüse

FÜR 6 PERSONEN

2 Karotten
1 Selleriestange
2 Zucchini
1 Knoblauchzehe
1 rote Zwiebel
4 EL Olivenöl
100 g frische Erbsen
2 reife Tomaten
1 Handvoll frische Basilikumblätter
1 Bd. Petersilie
Salz, Pfeffer
375 g Penne rigate
2 EL Crème fraîche
Parmesan zum Bestreuen

Karotten, Sellerie, Zucchini, Knoblauch und Zwiebel schälen und in kleine Würfel schneiden. Öl in einer Pfanne erhitzen und die Gemüsewürfel zusammen mit den Erbsen bei niedriger Temperatur unter ständigem Rühren so lange dünsten, bis alles weich ist. Tomaten ebenfalls würfeln, hinzugeben und alles bei geschlossenem Deckel und bei schwacher Hitze weitere fünf Minuten garen lassen. Kräuter hacken und untermischen, salzen und pfeffern. Salzwasser zum Kochen bringen und die Nudeln – je nach Packungsanweisung – etwa zehn Minuten kochen lassen. Abseihen und zum Gemüse geben, Crème fraîche einrühren und mit Parmesan bestreuen.

Spaghetti grünkernbolognese

100 g Grünkernschrot
250 ml klare Gemüsebrühe
4 EL Olivenöl
1 Zwiebel
Salz, Pfeffer
750 g Tomaten
75 g rote Linsen
1 Lorbeerblatt
1 TL Thymian
1 TL Oregano
¼ TL Rosmarin
275 g Spaghetti
frisches Basilikum
Hefeflocken

Grünkernschrot in die kochende Gemüsebrühe einrühren, zehn Minuten bei reduzierter Temperatur leicht köcheln lassen und weitere zehn Minuten auf der ausgeschalteten Herdplatte quellen lassen, danach abkühlen lassen. Olivenöl erhitzen, Zwiebeln würfeln und darin andünsten lassen. Grünkernschrot einrühren, mit Salz und Pfeffer würzen und anbraten. Tomaten würfeln und zusammen mit den Linsen und den Kräutern untermischen. Alles bei niedriger Temperatur etwa 15 Minuten köcheln lassen. Spaghetti in ausreichend Salzwasser bissfest kochen, abseihen, Sugo darübergießen und mit Basilikum und Hefeflocken bestreut servieren.

Nudeln mit Kürbissugo

FÜR 4–6 PERSONEN

3 EL Pinienkerne
30 g Butter
2 Stangen Lauch
1 kg Kürbisfruchtfleisch
½ TL gemahlene
Muskatnuss
500 g Nudeln
300 g Schlagsahne

Pinienkerne langsam in einer heißen Pfanne ohne Fett so lange rösten, bis sie goldgelb sind, dabei ständig umrühren. Butter in einem großen Topf langsam zerlassen. Vom Lauch nur die hellen Teile in feine Ringe schneiden, in den Topf geben und zugedeckt etwa fünf Minuten dünsten. Kürbisfleisch würfeln und zusammen mit der Muskatnuss beigeben, alles weitere zehn Minuten dünsten. Inzwischen ausreichend Salzwasser zum Kochen bringen und die Nudeln darin bissfest kochen, abseihen und warm halten.

Schlagsahne mit drei Esslöffeln Wasser in das Kürbisgemüse rühren, aufkochen und so lange leicht köcheln lassen, bis das Kürbisfleisch weich ist. Anschließend zu den Nudeln gießen und mit den Pinienkernen bestreut servieren.

Tofu-Linsen-Spaghetti

FÜR 4–6 PERSONEN

2 EL Olivenöl
2 Zwiebeln
250 g Tofu
2 Knoblauchzehen
Oregano
Thymian
2 EL Tomatenmark
250 g rote Linsen
1 TL Sambal Oelek
Salz, Pfeffer
edelsüßes Paprikapulver
1 Dose passierte Tomaten
250 ml klare Gemüsebrühe
500 g Spaghetti

Öl in einer Pfanne erhitzen, Zwiebeln klein würfeln und darin anbraten. Tofu zerbröseln, Knoblauch pressen und jeweils etwas Oregano und Thymian hinzugeben und gut vermischen. Tomatenmark, Linsen und Sambal Oelek zufügen und kurz mitbraten. Mit Salz, Pfeffer und Paprikapulver würzen und abschließend die Dosentomaten einrühren. Mit der Gemüsebrühe aufgießen und aufkochen lassen. So lange köcheln lassen, bis die Linsen weich sind, eventuell Gemüsebrühe nachgießen.

Spaghetti in ausreichend Salzwasser bissfest kochen und mit der Sauce servieren.

Auberginen-Pasta

1 kleine Aubergine
Salz, Pfeffer
2 EL Olivenöl
2 Knoblauchzehen
3 reife Eiertomaten
1 kleine gelbe Paprikaschote
10 schwarze Oliven
10 Kapern
275 g Bucatini
1 Bd. Basilikum
Parmesan zum Bestreuen

Aubergine würfeln, in ein Sieb geben, salzen, mit einem Tuch abdecken und 15 Minuten ziehen lassen. Anschließend das Salz abspülen und die Gemüsewürfel trocken tupfen. Öl in einem hohen Topf erhitzen, Knoblauch dazupressen und bei reduzierter Temperatur andünsten. Auberginenwürfel beigeben und so lange anbraten, bis sie weich sind. Tomaten hacken, Paprika in Streifen schneiden, Oliven halbieren und entkernen, Kapern waschen und alles beigeben. Gut verrühren und bei geschlossenem Topf 20 Minuten kochen. In der Zwischenzeit die Nudeln in ausreichend Salzwasser bissfest kochen, abseihen. Basilikumblätter grob hacken und mit der Pastasauce zu den Nudeln mischen. Mit Parmesan servieren.

Mangold-Pasta

4 EL Pinienkerne
400 g Linguine
8 EL Olivenöl
2 Knoblauchzehen
500 g Mangoldblätter
Salz, Pfeffer
2 TL abgeriebene
Zitronenschale

Eine kleine Pfanne erhitzen und die Pinienkerne ohne Fett goldbraun rösten. Ausreichend Salzwasser zum Kochen bringen und die Linguine bissfest kochen. In der Zwischenzeit das Öl in einer Pfanne erhitzen, Knoblauch fein hacken und darin andünsten. Die Mangoldblätter von den dicken Rippen lösen und in Streifen schneiden. Diese sorgfältig waschen, kurz abschütteln und noch feucht in die Pfanne geben. Unter ständigem Umrühren anbraten und einkochen lassen, mit Salz und Pfeffer sowie mit etwas Zitronenschale abschmecken. Die fertigen Nudeln kurz in der Mangoldpfanne sautieren und in das Gemüse einrühren. Mit den Pinienkernen bestreut servieren.

Penne Paprika

2 rote Paprikaschoten
2 gelbe Paprikaschoten
Olivenöl
Salz, Pfeffer
2 rote Zwiebeln
2 Knoblauchzehen
2 EL Balsamico-Essig
Parmesan
2 gehäufte EL Mascarpone
oder Crème fraîche
500 g Penne
2 Handvoll gehackte
Petersilie

Paprikaschoten entkernen und würfeln. Öl in einer weiten Pfanne erhitzen und die Paprikawürfel mit Salz und Pfeffer bei reduzierter Temperatur weich dünsten. Zwiebeln in dünne Scheiben schneiden, hinzufügen und alles für weitere 20 Minuten zugedeckt dünsten. Knoblauch pressen und unter die Sauce mischen, unter ständigem Rühren einige Minuten weiterdünsten lassen. Nochmals mit Salz und Pfeffer abschmecken. Mit Essig abschrecken und so lange köcheln lassen, bis er verkocht ist. Etwas von dem Parmesan und die Mascarpone einrühren und bei niedrigster Temperatur köcheln lassen.

In der Zwischenzeit ausreichend Salzwasser zum Kochen bringen und die Nudeln darin bissfest kochen, abseihen und einen Teil des Kochwassers auffangen. Die Nudeln mit dem Paprikasugo und den Petersilienblättern vermischen und etwas Nudelkochwasser und einen guten Schuss Olivenöl einrühren. Den restlichen Parmesan über die Nudeln streuen und servieren.

Vollkornnudeln mit Roter Bete

1 EL Sonnenblumenöl
1 kleine Zwiebel
400 g Rote Beten
250 ml klare Gemüsebrühe
2 TL Apfelessig
Salz, Pfeffer
1 Prise Zucker
1 EL Meerrettich
3 EL Sauerrahm
400 g Vollkornnudeln
1 Bd. Schnittlauch

Öl in einer Pfanne erhitzen, Zwiebel fein hacken und darin glasig dünsten. Die Roten Beten putzen, waschen, schälen, klein stifteln, zu den Zwiebelstücken geben und mitbraten. Mit der Gemüsebrühe aufgießen und alles zum Kochen bringen. Salz, Pfeffer, Zucker, Essig hinzufügen, gut umrühren, zudecken und die Roten Beten etwa eine halbe Stunde bissfest garen. Meerrettich und Sauerrahm untermischen und erneut abschmecken. Die Nudeln bissfest kochen, abseihen und in die Gemüsesauce mischen. Schnittlauch fein hacken und vor dem Servieren über die Nudeln streuen.

Linguini con Soja

2 El Tomatenmark
750 ml klare Gemüsebrühe
80 g feine Soja-Schnetzel
1 Zwiebel
1 Karotte
1 Knoblauchzehe
1 Selleriestange
2 EL Olivenöl
1 große Dose Tomaten
1 Zweig Rosmarin
½ Bd. Thymian
150 ml Rotwein
(oder klare Gemüsebrühe)
500 g Linguini
Salz, Pfeffer
1 EL Agavendicksaft
Parmesan zum Bestreuen

Das Tomatenmark in die heiße Gemüsebrühe einrühren und die Soja-Schnetzel darin etwa 15 Minuten einweichen. Danach die Soja-Schnetzel abgießen und etwas ausdrücken, die Brühe für die Sauce auffangen und warm halten.
Zwiebel, Karotte, Knoblauch und Sellerie schälen und in kleine Würfel schneiden. Olivenöl erhitzen und das Gemüse zusammen mit den Soja-Schnetzeln andünsten. Dosentomaten und Kräuter im Ganzen hinzugeben, mit dem Wein aufgießen und alles etwa 15 Minuten köcheln lassen.
Die Nudeln in reichlich Salzwasser bissfest kochen und abseihen. Die Kräuter aus der Sauce nehmen. So viel von der abgeseihten Sojabrühe unter die Sauce rühren, bis sie die richtige Konsistenz hat. Mit Salz, Pfeffer und Agavendicksaft abschmecken und über die Nudeln gießen, diese mit frisch geriebenem Parmesan servieren.

Pasta Napolitana aus Fleischtomaten

4 EL Olivenöl
1 große Zwiebel
500 g Fleischtomaten
1 Bd. Petersilie
3 Zweige Basilikum
Salz
1 Peperoncino (kleine
scharfe Paprikaschote,
frisch oder getrocknet)
400 g Spaghetti
2 EL Butterflocken
Parmesan zum Bestreuen

Öl erhitzen, Zwiebel in feine Scheiben schneiden und darin anbraten. Die Tomaten blanchieren, schälen, entkernen, in kleine Würfel schneiden und dazugeben. Petersilie und Basilikum hacken und zusammen mit Salz, Pfeffer und Peperoncino beifügen. Gut umrühren und zugedeckt auf der kleinsten Temperaturstufe einkochen lassen. Den Peperoncino vor dem Servieren entfernen.
Die Spaghetti in reichlich Salzwasser bissfest kochen, abseihen und abtropfen lassen. Sauce und Butterflocken über die Nudeln gießen und mit Parmesan bestreut servieren.

Sommerspaghetti

250 g Spaghetti
200 g Mozzarella
400 g reife Tomaten
Blätter von ½ Bd. Basilikum
5 EL Olivenöl
Zitronensaft
Salz, Pfeffer

Mozzarella abtropfen lassen, Tomaten blanchieren, schälen, vierteln, entkernen. Mozzarella und Tomaten in kleine Würfel schneiden, Basilikum grob zupfen. Alles mit Olivenöl, Zitronensaft, Salz und Pfeffer gut vermischen und etwa 15 Minuten ziehen lassen. Spaghetti in reichlich Salzwasser bissfest kochen, abseihen (nicht abschrecken), abtropfen lassen und unter die Mozzarella-Tomaten-Mischung heben.

Zitronenpasta

500 g Nudeln
1 Zitrone
2 Eier
1 Bd. Basilikum
1 Knoblauchzehe
80 g Parmesan
abgeriebene Schale von
1 unbehandelten Zitrone
2 EL Zitronenöl
1 Msp. Chilipulver
Saft von ½ Limette
Salz, Pfeffer

Ausreichend Salzwasser zum Kochen bringen, eine halbe Zitrone locker darin auspressen und die Nudeln darin bissfest kochen. Inzwischen die Eier verquirlen. Die Blätter vom Basilikum abzupfen, waschen, trocken tupfen und fein schneiden. Knoblauch fein schneiden und mit Salz, Pfeffer, Parmesan, Zitronenschale, Zitronenöl und Chilipulver zu den Eiern schlagen.
Basilikum, Limetten- und restlichen Zitronensaft unterrühren. Die Nudeln abseihen und sofort mit der Eier-Zitronen-Sauce vermischen.

Pasta mit Zucchini-Basilikum-Sauce

Erdnussöl
500 g Zucchini
500 g Nudeln
2 EL Olivenöl
3 EL Butter
1 TL Mehl
¼ l Milch
50 g gehacktes Basilikum
1 Eigelb
50 g Parmesan
100 g Pecorino
Salz, Pfeffer

Erdnussöl erhitzen, Zucchini in etwa gleich große Stifte schneiden und darin frittieren, anschließend auf Küchenpapier abtropfen lassen. Ausreichend Salzwasser zum Kochen bringen und die Nudeln bissfest kochen, abseihen und warm stellen.
Das Olivenöl und die Hälfte der Butter erwärmen, Mehl in der Milch auflösen und einrühren. Unter ständigem Rühren Zucchini, Salz, Pfeffer, grob gehacktes Basilikum zugeben und einige Minuten kochen. Topf vom Herd nehmen und die restliche Butter unterziehen. Eigelb verquirlen, einrühren und abschließend Parmesan und Pecorino reiben und einrühren. Die Nudeln mit der Sauce vermischen und sofort servieren.

Bandnudeln mit Zucchini und Schafskäse

2 Limetten
400 g Schafskäse
400 g Nudeln
2 mittelgroße Zucchini
Olivenöl
Salz, Pfeffer

Die Schale von einer Limette abreiben und beide Limetten auspressen. Den Schafskäse würfeln und im Limettensaft etwa eine Stunde ziehen lassen. Zucchini der Länge nach mit einem Gemüseschäler in dünne Streifen schneiden. Öl erhitzen und die Zucchini darin anbraten. Ausreichend Salzwasser zum Kochen bringen und die Nudeln darin bissfest kochen, abseihen. Mit Schafskäse und Limettensaft sowie der Limettenschale und den Zucchinistreifen vermischen. Mit Salz und Pfeffer abschmecken und servieren.

Pasta alla cipolla

100 g Butter
450 g Zwiebeln
150 ml Crème fraîche
Salz, Pfeffer
1 Prise Muskatnuss
1 Bd. Petersilie
275 g Tagliatelle
Parmesan

Die Butter in einer heißen Pfanne zerlassen, Zwiebeln in feine Ringe schneiden und bei geschlossenem Deckel und geringer Hitze etwa 20 Minuten lang dünsten. Nach und nach etwas Wasser zugeben, damit die Zwiebeln nicht braun werden (insgesamt jedoch nicht mehr als vier Esslöffel Wasser). Anschließend die Zwiebeln pürieren und mit Crème fraîche, Salz, Pfeffer, Muskatnuss vermischen, Petersilie hacken und alles in die Sauce rühren. Diese warm stellen. Die Pasta in reichlich Salzwasser al dente kochen, abgießen und unter die Sauce mischen. Sofort servieren und frisch geriebenen Parmesan dazu reichen.

Bärlauchpesto

100 g Pinienkerne
80 g Bärlauch
150 ml Olivenöl
Salz, Pfeffer

Pinienkerne ohne Fett in einer Pfanne goldbraun rösten. Den Bärlauch klein schneiden und mit den Pinienkernen, Öl, Salz und Pfeffer mischen und mit einem Mixstab pürieren.
Man kann das Pesto gleich verzehren oder in ein Schraubglas füllen und mit Olivenöl bedecken. So hält es etwa vier Wochen.

Fenchelpesto

1 große Fenchelknolle
30 g Pinienkerne
Saft und Schale von einer
unbehandelten Limette
Olivenöl
Salz

Fenchelstiel abschneiden, Fenchel in Würfel schneiden, den Strunk mitverwenden. In wenig Salzwasser weich dünsten, abgießen und etwas auskühlen lassen. Mit den restlichen Zutaten pürieren, dabei so viel Öl zugeben, bis eine dicke Creme entsteht. Schmeckt auch erkaltet auf getoastetem Weißbrot oder mit frischem Baguette super.

Korianderpesto

100 g Rucola
½ Bd. Koriandergrün
2 Knoblauchzehen
150 g Parmesan
3 EL Pinienkerne
100 ml Olivenöl
Salz

Rucola und Koriander waschen, trocken tupfen und von den harten Stielen befreien. Knoblauch schälen und grob zerkleinern, Parmesan reiben. Rucola, Koriander, Knoblauch, Parmesan und Pinienkerne in den Mixer geben und fein pürieren. Währenddessen nach und nach das Öl zugeben und so lange mixen, bis eine sämige Paste entstanden ist. Vor dem Servieren mit Salz abschmecken.

Spinatpesto

50 g Pinienkerne
1 Tomate
50 g junge Spinatblätter
3 Knoblauchzehen
100 g Parmesan
1 Tasse Olivenöl
Salz, Pfeffer

Die Pinienkerne in einer heißen Pfanne ohne Fett anrösten. Die Tomate entkernen und in dünne Streifen schneiden, Spinat waschen und trocken schleudern. Knoblauchzehen schälen. In einem Mixer Pinienkerne, Spinat, Tomate und Knoblauch fein hacken. Parmesan reiben und unterrühren. Nach und nach das Öl hinzufügen, bis eine sämige Paste entstanden ist. Mit Salz und Pfeffer abschmecken.

Das Pesto ist etwa zwei Wochen im Kühlschrank haltbar. Einfach dick mit Öl bedecken und gut in einem Glas verschließen.

Walnusspesto

FÜR 6 PERSONEN

1 Knoblauchzehe
175 g Walnüsse
150 g Parmesan
1 Handvoll frische
Basilikumblätter
40 g Butter
4 EL Olivenöl
Salz, Pfeffer
85 ml Crème fraîche

Knoblauch schälen, grob zerkleinern und mit den Nüssen im Mixer fein mahlen. Den Parmesan reiben und zusammen mit den Basilikumblättern, Butter und Öl in die Küchenmaschine geben und mitmixen.

Anschließend mit Salz und Pfeffer abschmecken und die Crème fraîche einrühren.

Das Pesto hält sich etwa eine Woche im Kühlschrank. Vor dem Servieren mit etwas Nudelwasser glatt rühren.

In Asien das Grundnahrungsmittel schlechthin, ist Reis auch von der europäischen Speisekarte nicht mehr wegzudenken und in Form des klassischen Risottos gar zu einem Star der italienischen Küche avanciert. Die Risottos im folgenden Kapitel können nicht nur mit allen Arten von Reis, sondern auch mit diversen anderen Getreidearten zubereitet werden, unter anderem mit Hirse (Hirse heißt auf Chinesisch »kleines Reiskorn«), Dinkel, Grünkern oder mit Equilinia.

Tutti Risotti

Apfelrisotto

200 g *Äpfel*
40 g *Butter*
1 *kleine Zwiebel*
300 g *Risottoreis*
500 ml *Gemüsebrühe*
100 ml *trockener Weißwein*
50 g *Parmesan*
Zimt

Die Äpfel schälen, entkernen, in kleine Würfel schneiden und in wenig Wasser weich dünsten. Inzwischen die Butter zerlassen, die Zwiebel hacken und darin anschwitzen lassen. Den Reis waschen, dazugeben und mit der Gemüsebrühe aufgießen. Mit wenig Hitze etwa 15 Minuten köcheln lassen. Dann mit dem Weißwein aufgießen und so lange weiterköcheln lassen, bis die Flüssigkeit aufgenommen ist.

Den Parmesan reiben, einrühren und mit Zimt würzen. Kurz vor dem Servieren die gedünsteten Apfelstücke einrühren.

Radicchiorisotto

85 g *Butter*
1 *EL Olivenöl*
6 *Schalotten*
350 g *Carnaroli-Reis*
125 ml *Roséwein*
400 g *Radicchio*
Pfeffer
1 l *klare Gemüsebrühe*
Salz
85 g *Parmesan*
1 *Bd. frisches Basilikum*
2 *EL gehackte Petersilie*

Etwa die Hälfte der Butter zerlassen, Olivenöl hinzufügen, Schalotten fein hacken und darin glasig dünsten. Danach den Reis einrühren und mit Wein ablöschen. Radicchio zugeben und mit Pfeffer würzen. Unter ständigem Rühren nach und nach die heiße Gemüsebrühe mit einem Schöpflöffel zugeben, wobei der Reis die Flüssigkeit erst aufgesogen haben sollte, bevor man die nächste Schöpfkelle Brühe in den Topf gießt. Nach etwa 20 Minuten sollte die gesamte Brühe im Topf sein. Anschließend mit etwas Salz würzen, die restliche Butter, den frisch geriebenen Parmesan, die fein gehackte Petersilie und klein gezupften Basilikumblätter zugeben und abschmecken. Vor dem Servieren kurz ziehen lassen.

Pilzrisotto

20 g getrocknete Steinpilze
500 g Champignons
100 g Butter
2 Zwiebeln
400 g Risottoreis
300 ml trockener Madeira
Salz, Pfeffer
4 EL Parmesan, gerieben
Parmesan zum Bestreuen

Backofen auf 150 °C vorheizen. Die getrockneten Pilze in reichlich heißem Wasser etwa eine halbe Stunde einweichen. In der Zwischenzeit die Champignons grob würfeln. Die Butter in einem Topf zerlassen, Zwiebeln fein hacken und einige Minuten anschwitzen. Danach die Champignonstücke hinzufügen, kurz dünsten lassen und vom Herd nehmen.

Die eingeweichten Steinpilze durch ein feines Sieb abgießen und das Einweichwasser in einer Schüssel auffangen. Übrige Flüssigkeit ausdrücken, Steinpilze fein hacken und zu den anderen Pilzen und den Zwiebeln geben. Bei schwacher Hitze etwa 20 Minuten köcheln.

Den Reis zur Pilzmischung geben und wenden, bis er gut mit Butter benetzt ist, dann den Madeira und das Einweichwasser zugießen. Einen Teelöffel Salz und etwas Pfeffer zufügen, Risotto zum Kochen bringen und in eine Auflaufform füllen. Einmal umrühren und auf der mittleren Einschubleiste ohne Deckel genau 20 Minuten im Ofen garen. Danach vorsichtig den geriebenen Parmesan unterrühren. Nach weiteren 15 Minuten aus dem Ofen nehmen und das Risotto sofort auf Tellern mit Parmesan bestreut servieren.

Risotto agli asparagi

FÜR 4 PERSONEN ALS
HAUPTSPEISE ODER FÜR
6 PERSONEN ALS VORSPEISE

50 g Butter
1 Zwiebel
175 g Risottoreis
75 ml trockener Weißwein
500 ml klare Gemüsebrühe
2 TL frischer Salbei
Salz
200 g grüner Spargel
1 Bd. Frühlingszwiebeln
1 Bd. Schnittlauch
Pfeffer
4 EL Öl
12 Salbeiblätter
50 g Parmesan

Den Ofen auf 150 °C vorheizen. Butter in einem Topf zerlassen, gehackte Zwiebel zufügen und bei schwacher Hitze einige Minuten leicht anrösten. Reis in den Topf schütten und umrühren, bis er gut mit Butter benetzt ist, dann Weißwein und Brühe zugießen.

Gehackten Salbei, einen halben Teelöffel Salz und etwas Pfeffer zufügen und zum Kochen bringen, dann die Mischung in eine Auflaufform umfüllen. Einmal umrühren und ohne Deckel 20 Minuten im Ofen garen.

Inzwischen das Öl in einer Pfanne erhitzen.

Ganze Salbeiblätter in mehreren Portionen jeweils etwa eine Minute knusprig braten, dann abtropfen und trocknen lassen. Den Spargel in große Stücke schneiden.

Nach 20 Minuten das Risotto aus dem Ofen nehmen und vorsichtig Spargel und Frühlings- zwiebeln zusammen mit zwei Esslöffeln Parme- san unterrühren, Reis dabei wenden. Das Risotto weitere 15 Minuten im Ofen backen. Dann aus dem Ofen nehmen, Schnittlauch einrühren. Sofort auf vorgewärmten Tellern mit gebackenen Salbei- blättern und dem übrigen Parmesan bestreut servieren.

Safranrisotto

150 g Butter
1 EL Olivenöl
6 Schalotten
Pfeffer, Salz
7 EL trockener Weißwein
1 l heiße Gemüsebrühe
350 g Risottoreis
¼ TL Safranpulver
100 g Parmesan
4 EL Schlagsahne
1 Bd. Petersilie

Butter in einem Topf zerlassen, Öl hinzufügen, Schalotten fein hacken und darin glasig dünsten, etwas Pfeffer hinzufügen. Wein und ebenso viel von der Brühe hinzugeben und auf etwa die Hälfte einkochen lassen. Die restliche Brühe warm halten. Den Reis zu den Schalotten geben und einige Minuten köcheln lassen. Schließlich den Safran zugeben und mit einem Schöpflöffel nach und nach die heiße Brühe zugießen. Auf diese Weise unter ständigem Rühren etwa 20 Minuten lang fortfahren, bis der Reis gar und die Brühe vollständig eingekocht ist.

Von der Herdplatte nehmen, etwas Salz, geriebenen Parmesan, Schlagsahne zugeben, Petersilie hacken und ebenfalls untermischen. Vor dem Servieren kurz ruhen lassen und mit geriebenem Parmesan bestreuen.

Sellerierisotto

300 g Knollensellerie
2 EL Butter
2 EL Olivenöl
350 g Dosentomaten
1 l klare Gemüsebrühe
250 g Risottoreis
Salz, Pfeffer
Parmesan zum Bestreuen

Sellerie putzen, schälen und stifteln. Butter in einem hohen Topf zerlassen, Öl hinzufügen und die Selleriestücke hinzugeben. Einige Minuten andünsten, pürierte Dosentomaten beifügen und zum Kochen bringen. Bei reduzierter Temperatur etwa 15 Minuten köcheln lassen.

Inzwischen die Gemüsebrühe erhitzen. Den Reis in die Tomatensauce rühren und ein bis zwei Minuten andünsten. Etwas Brühe zugießen und umrühren. Den Vorgang wiederholen, bis der Reis al dente gegart ist. Mit Salz und Pfeffer abschmecken und servieren, geriebenen Parmesan dazu reichen.

Zitronenrisotto

4 Schalotten
2 Selleriestangen
120 g Butter
2 EL Olivenöl
600 g Risottoreis
2 l klare Gemüsebrühe
Schale und Saft von
1 unbehandelten Zitrone
Blätter von 4 kleinen
Zweigen Rosmarin
2 Eigelb
8 EL Parmesan
120 ml Schlagsahne
Salz, Pfeffer

Die Schalotten schälen, den Sellerie putzen und beides im Mixer fein hacken. Die Hälfte der Butter und das Öl in einem großen Topf erhitzen und das Mus darin etwa fünf Minuten dünsten, ohne dass es dabei Farbe annimmt. Den Reis zugeben und unter ständigem Rühren mit der Butter und dem Öl überziehen. Inzwischen die Brühe in einem zweiten Topf erhitzen und am Siedepunkt halten.

Nun bei kleiner bis mittlerer Hitze eine Schöpfkelle Brühe über den Reis gießen und umrühren, bis der Reis die Flüssigkeit aufgesogen hat. Dann eine weitere Kelle Brühe zugießen und wieder umrühren. Das Risotto auf diese Art weiterkochen, bis der Reis al dente ist.

Die Zitronenschale und den Rosmarin beigeben und gut vermischen. Eigelb, Zitronensaft, Parmesan, Sahne und Pfeffer verrühren und mit der restlichen Butter in den Reis rühren. Nach Belieben mit Salz abschmecken und mit etwas geriebenem Parmesan servieren.

Risottobällchen

800 ml klare Gemüsebrühe
50 g ungesalzene Butter
275 g Arborio-Reis
175 g Mozzarella
6 Schalotten
½ Bd. frische Kräuter
Schale von 1 unbehandelten
Orange
6 EL Parmesan
Salz, Pfeffer
1 Ei
etwas Mehl
55 g Semmelbrösel
6 EL Erdnussöl

Gemüsebrühe in einem Topf aufkochen, Temperatur reduzieren und köcheln lassen. Butter in einem großen Topf zerlassen, Reis zugeben und einige Minuten anschwitzen lassen. Gemüsebrühe schöpflöffelweise einrühren, damit die Flüssigkeit einziehen kann. Auf diese Weise unter ständigem Rühren etwa 20 Minuten lang fortfahren, bis der Reis gar und die Brühe vollständig eingekocht ist. Mozzarella klein würfeln, Schalotten und Kräuter fein hacken, beides mit der abgeriebenen Orangenschale, dem gemahlenen Parmesan, Salz und Pfeffer beigeben, gut durchrühren und abkühlen lassen.

Aus dem Reis gleich große, nicht zu kleine Bällchen formen. Das Ei verquirlen und die Reisbällchen erst im Mehl wälzen, dann durch das Ei ziehen und zuletzt in den Semmelbröseln wenden.

Öl in einer tiefen Pfanne erhitzen und die Bällchen schwimmend darin goldbraun backen. Auf Küchenpapier abtropfen lassen und heiß oder kalt servieren.

Hülsenfrüchte: ein absolutes Must für jeden Vegetarier! Linsen und Bohnen enthalten einen enormen Anteil an Eiweiß und sind somit die wichtigsten Eiweißlieferanten aus der Pflanzenwelt. Zudem sind sie äußerst sättigend und in getrockneter Form über viele Jahre hinweg haltbar.

Linsen-
weisheiten

Orientalisches Linsengemüse

FÜR 6 PERSONEN

170 g grüne Linsen
2 Zwiebeln
2 Knoblauchzehen
400 g Blumenkohl
1 rote Paprikaschote
1 Dose geschälte Tomaten
(400 g)
2 Karotten
2 weiße Rüben
2 Pastinaken
300 g Kürbis
2 EL Olivenöl
2 TL Ingwerwurzel
½ TL Zimt
1 TL Kurkuma
1 TL Cayennepfeffer
250 ml klare Gemüsebrühe
2 Gewürznelken
Salz, Pfeffer
Couscous als Beilage

Die Linsen in einem Sieb unter fließendem kalten Wasser gut abspülen. Dann in einen Topf geben, mit Wasser bedecken und zum Kochen bringen, anschließend bei mittlerer bis schwacher Hitze etwa eine halbe Stunde köcheln lassen, bis die Linsen weich sind. Gegebenenfalls Wasser nachgießen. Die Linsen abtropfen lassen und beiseitestellen.

Während die Linsen garen, das Gemüse vorbereiten. Zwiebeln fein hacken, Knoblauch pressen, Blumenkohl in Röschen teilen, Paprikaschote vierteln, entkernen und in Würfel schneiden, Tomaten abtropfen und hacken und Karotten, weiße Rüben, Pastinaken und Kürbis schälen und in Würfel schneiden. Das Olivenöl in einem großen Topf bei mittlerer Temperatur erhitzen. Die Zwiebeln mit Knoblauch, geriebenem Ingwer, Zimt, Kurkuma und Cayennepfeffer zugeben und fünf bis acht Minuten garen, bis sie weich sind und aromatisch duften.

Blumenkohl, Kürbis, Karotten, weiße Rüben, Pastinaken und Paprika zufügen und einige Minuten garen lassen. Dann die Brühe, die Tomaten und die Nelken zugeben und zum Kochen bringen. Die Temperatur reduzieren und das Ragout 20 Minuten schwach köcheln lassen, bis die Gemüse weich sind.

Die Linsen zugeben und den Eintopf noch ein paar Minuten köcheln lassen, bis die Linsen heiß sind. Mit Salz und Pfeffer würzen und auf Couscous servieren.

Mexikanischer Bohneneintopf

FÜR 4–6 PERSONEN

425 g Kidneybohnen
300 g Mais
80 g Lauch
50 g Petersilienwurzel
150 g Karotten
120 g Zwiebeln
100 g Knollensellerie
1 kleine Knoblauchknolle
5 EL Olivenöl
1 TL gemahlener
Kreuzkümmel
½ TL gemahlener
Koriander
1 TL Zucker
2 TL edelsüßes
Paprikapulver
1 TL getrockneter Majoran
1 kleine getrocknete
Chilischote
2 Lorbeerblätter
2 TL Tomatenmark
1 Dose geschälte Tomaten
750 ml klare Gemüsebrühe
200 g Tomaten
Pfeffer, Salz

Gemüse putzen und fein schneiden. Bohnen und Mais im Sieb waschen und abtropfen lassen. In einem großen Topf Olivenöl nicht zu stark erhitzen. Lauch, Petersilienwurzeln, Karotten, Zwiebeln, Knoblauch und Sellerie darin etwa zehn Minuten bei milder Hitze andünsten. Von Kreuzkümmel bis Lorbeerblätter alle Gewürze zugeben und nur kurz andünsten lassen. Tomatenmark einrühren.
Die Tomaten mit Saft und Gemüsebrühe zugeben. Offen etwa 40 Minuten bei milder Hitze kochen. Nach einer halben Stunde Kidneybohnen und Mais zugeben. Mit Salz und Pfeffer abschmecken.

Falafel

1 rote Zwiebel
2 Knoblauchzehen
1 EL Kreuzkümmel
625 g Kichererbsen aus
der Dose
1 große Handvoll frische
Korianderblätter
1 EL Olivenöl
3–4 EL Sonnenblumenkerne
2 Eier
75 g Kichererbsenmehl
Salz, Pfeffer
Öl zum Braten
Rucola
Naturjoghurt zum Servieren

Die Zwiebel fein würfeln, die Knoblauchzehen zerdrücken, den Kreuzkümmel im Mörser zerstoßen,
die Kichererbsen abtropfen und abspülen und die
Korianderblätter fein hacken.
Öl in einer Pfanne erhitzen und die Zwiebel auf
mittlerer Stufe drei Minuten darin anschwitzen, bis
sie weich ist. Dann Knoblauch und Kreuzkümmel
kurz mitgaren und danach leicht abkühlen lassen.
Kichererbsen, Sonnenblumenkerne, Koriander
und die verquirlten Eier mit der Zwiebelmischung
in der Küchenmaschine zu einer feinen Masse
pürieren. Das Mehl untermengen, salzen und pfeffern. Mit bemehlten Händen aus der Mischung
Bällchen formen. In eine Pfanne etwa einen Zentimeter hoch Öl gießen und die Bällchen bei mittlerer
Hitze portionsweise zwei bis drei Minuten auf jeder
Seite braten, bis sie goldbraun und fest sind. Auf
Küchenpapier entfetten und mit Rucola und Naturjoghurt servieren.

Linsencouscous

1 Zwiebel
3 Selleriestangen
1 EL Öl
150 g rote Linsen
1 l klare Gemüsebrühe
200 g Couscous
1 Zucchini
Salz, Pfeffer
Kreuzkümmel

Die Zwiebel schälen und würfeln. Den Sellerie waschen, putzen und in dünne Scheiben schneiden. Öl in einem Topf erhitzen und die Zwiebelstücke darin glasig dünsten. Sellerie und Linsen zufügen und kurz mit andünsten. 400 Milliliter Brühe zugießen und alles einkochen lassen. Couscous und restliche Brühe zufügen und im geschlossenen Topf etwa fünf Minuten bei kleiner Hitze quellen lassen.

Inzwischen die Zucchini waschen und mithilfe eines Gemüsehobels Stifte schneiden, anschließend unter den Couscous rühren. Mit Salz, Pfeffer und Kreuzkümmel würzen.

Linsendal

1 kleine Zwiebel
1 kleiner grüner Chili
1 Knoblauchzehe
1 EL Erdnussöl
2 TL Kreuzkümmelsamen
1 TL Fenchelsamen
1 TL schwarze Senfsamen
1 kleiner Zweig Curryblätter
160 g rote Linsen
80 ml Wasser
1 Msp. Chilipulver
1 TL Kurkuma
2 TL Garam Masala
1 TL Curry, scharf
Salz

Zwiebel in Streifen schneiden, Chili fein hacken und Knoblauch schälen. Erdnussöl erhitzen und Kreuzkümmel- und Fenchelsamen darin bräunen. Senfsamen, Zwiebelstücke, gepressten Knoblauch, Chili und Curryblätter beifügen und anziehen lassen. Die Linsen dazugeben und mit Wasser auffüllen.

Die Gewürze beifügen und alles etwa 90 Minuten leicht köcheln lassen. Gelegentlich umrühren. Passt zu allen indischen Gerichten und zu Basmatireis.

Frühlingslinsen

FÜR 3–4 PERSONEN

100 g grüne Linsen
500 ml Wasser
1 Prise Salz
4 Kartoffeln
2 Karotten
1 Zucchini
100 g Champignons
1 Zwiebel
2 Knoblauchzehen
1 EL Ingwer
1 EL gemahlener Koriander
1 EL Currypulver
200 ml Tomatenpüree oder
gewürfelte Tomaten
½ EL Kurkuma
Pfeffer

Linsen waschen und mit dem heißen, leicht gesalzenen Wasser aufkochen. Zugedeckt bei mittlerer Hitze etwa 20 Minuten weich kochen. In der Zwischenzeit die Kartoffeln schälen und in Würfel schneiden. Karotten putzen und in Scheiben schneiden. Zucchini halbieren und in Halbkreise schneiden. Champignons putzen und in Scheiben schneiden. Zwiebel, Knoblauch und Ingwer fein hacken. Kartoffeln und Karotten mit Zwiebel, Knoblauch und Ingwer zu den gekochten Linsen geben. Mit Koriander und Currypulver würzen. Gegebenenfalls noch etwas Wasser zugeben und mit Salz abschmecken. Tomaten zugeben, mit Kurkuma würzen und weitere zehn Minuten köcheln lassen. Zum Schluss Zucchini und Champignons zugeben, gut durchrühren und nochmals fünf Minuten kochen lassen. Bei Bedarf nachwürzen.

Linsentofu

300 g Tofu
1 EL Sojasauce
2 Zwiebeln
4 Karotten
2 rote Paprika
2 EL Rapsöl
1 EL Butter
200 g rote Linsen
500 ml klare Gemüsebrühe
Pfeffer
1 TL Curry
Tabasco
2 EL gehackte Petersilie

Tofu in Streifen schneiden, salzen, pfeffern und mit Sojasauce beträufeln, etwa zehn Minuten marinieren lassen. Zwiebeln würfeln, Karotten raspeln, Paprika in Streifen schneiden. In einem Topf etwa die Hälfte des Öls und die Hälfte der Butter erhitzen, Zwiebel darin dünsten, Karotten und Paprika zugeben und bei schwacher Hitze zehn Minuten garen lassen. Linsen und Gemüsebrühe einrühren und zehn Minuten weitergaren lassen. Mit Tabasco und den Gewürzen abschmecken. Restliches Öl und Butter erhitzen und die Tofustreifen goldbraun anbraten. Vor dem Servieren mit dem Eintopf und etwas Petersilie anrichten.

Herbstlinsen

250 g braune Linsen
Salz
2 EL Tamari
3 Lorbeerblätter
10 g Wacholderbeeren
1 Zweig Thymian
1 TL Bohnenkraut
1 Fenchelknolle
150 g Karotten
100 g Sellerie
3 Knoblauchzehen
Saft und Schale von
½ Zitrone
1 kleine Stange Lauch
3 EL Olivenöl
2 EL Dinkelvollkornmehl

Linsen einige Stunden vor dem Kochen einweichen und anschließend mit wenig Salz, Tamari, Lorbeerblättern, Wacholderbeeren, Thymian und Bohnenkraut auf kleiner Flamme kochen, bis sie gar sind. Fenchel und Karotten waschen und in grobe Streifen schneiden, Sellerie raspeln, Knoblauch fein hacken und alles zu den Linsen geben und so lange kochen lassen, bis das Gemüse gar ist. Nochmals mit Salz und Tamari abschmecken, Zitronensaft und -schale beigeben. Den Lauch in Ringe schneiden, waschen und in heißem Olivenöl kurz andünsten, mit Mehl bestreuen, nochmals kurz rösten und zum Gemüse geben, dieses aufkochen lassen. Mit Semmelknödeln servieren.

Linsenpuffer

400 g braune Linsen
aus der Dose
50 g Schafskäse
2 Frühlingszwiebeln
1 Zucchini
1 EL frischer Thymian
1 Ei
60 g Haferflocken
Öl

Linsen abtropfen lassen und mit kaltem Wasser abspülen, Schafskäse zerbröseln, Frühlingszwiebeln fein schneiden, Zucchini raspeln und Thymian fein hacken und alles in einer großen Schüssel vermischen. Anschließend das verschlagene Ei und die Haferflocken hinzufügen und alles gut verrühren. Aus der Masse vier etwa gleich große Puffer formen.
In einer beschichteten Pfanne wenig Öl erhitzen. Die Puffer darin bei mittlerer Hitze auf jeder Seite etwa zehn bis 15 Minuten braten.

Bohnen mit Kartoffeln und Pesto

Für das Pesto:
3 Knoblauchzehen
2 EL Pinienkerne
85 g frische Basilikumblätter
4 EL Olivenöl
3 EL geriebener Parmesan
1 EL geriebener Pecorino

250 g Cannellini-Bohnen
1–2 Lorbeerblätter oder
Thymianzweige
250 g Kartoffeln
Salz, Pfeffer

Für das Pesto in einem großen Mörser zuerst den Knoblauch zerstampfen, dann die Pinienkerne, die Basilikumblätter und das Olivenöl beigeben. Alles so lange zerreiben, bis eine dickflüssige Paste entsteht. Dann den Parmesan und den Pecorino zugeben und alles fein zerstoßen.

Die Bohnen über Nacht in ausreichend kaltem Wasser einweichen, am nächsten Tag in frischem Wasser etwa zehn Minuten kochen. Anschließend Lorbeerblätter oder Thymianzweige zugeben und weitere 40 Minuten lang köcheln lassen, bis die Bohnen weich sind, anschließend abgießen. Die Kartoffeln in ausreichend Wasser weich kochen, abgießen und zu den Bohnen geben. Pesto darübergießen und alles gut vermischen. Nach Geschmack abschmecken.

Bohnengulasch

2 TL Pflanzenöl
1 mittelgroße Zwiebel
1 rote Paprikaschote
1 grüne Paprikaschote
1 EL Tomatenmark
1 TL edelsüßes Paprika-
pulver
1 EL Mehl
250 ml klare Gemüsebrühe
4 EL Sauerrahm
1 Knoblauchzehe
Majoran
1 Lorbeerblatt
1 Spritzer Essig
1 Dose weiße Bohnen
(500 g)
Salz, Pfeffer

Öl erhitzen, Zwiebel fein hacken und darin hellgelb anlaufen lassen. Paprikaschoten in Streifen schneiden und mitrösten, anschließend Tomatenmark einrühren, Paprikapulver beifügen, Mehl darüberstäuben, mit Brühe aufgießen, Sauerrahm einrühren und kurz aufkochen lassen. Gewürze und Essig zugeben und kurz köcheln lassen. Danach die Bohnen beifügen, gut umrühren, erhitzen, mit Salz und Pfeffer würzen und sehr heiß servieren.

Mediterraner Bohneneintopf

250 g Cannellini-Bohnen
1–2 Lorbeerblätter oder
Thymianzweige
1 kleine Aubergine
Salz, Pfeffer
4 EL Olivenöl
1 Zwiebel
2 Knoblauchzehen
2 gehackte Selleriestangen
1 TL frischer Rosmarin
2 gelbe Paprikaschoten
2 Kartoffeln
etwas Chili
1 Bd. Petersilie
½ Bd. Basilikum

Bohnen über Nacht in ausreichend kaltem Wasser einweichen, am nächsten Tag in frischem Wasser etwa zehn Minuten kochen. Anschließend Lorbeerblätter oder Thymianzweige zugeben und weitere 40 Minuten lang köcheln lassen, bis die Bohnen weich sind, anschließend abgießen.

Während die Bohnen kochen, die Aubergine würfeln, in ein Sieb geben und mit Salz bestreuen. Etwa 20 Minuten ziehen lassen, dann das Salz abspülen und die Auberginenwürfel trocken tupfen. Öl in einem hohen Topf erhitzen, Zwiebeln hacken und darin glasig andünsten. Anschließend den Knoblauch, den gehackten Sellerie und die fein geschnittenen Rosmarinnadeln zugeben und ebenfalls einige Minuten lang andünsten. Zum Schluss das restliche geschälte und gewürfelte Gemüse, Salz, Pfeffer und etwas Chili dazugeben. Alles gut durchrühren und mit nicht ganz geschlossenem Deckel bei reduzierter Temperatur etwa eine halbe Stunde lang köcheln lassen. Die gekochten Bohnen dazugeben und weitere zehn Minuten köcheln lassen. Dabei gut umrühren. Von der Kochstelle nehmen, Petersilie fein hacken, Basilikumblätter klein zupfen, beides beigeben und nach Belieben abschmecken.

Das Wunderbare an Eiern ist, dass man sie zu jeder Tageszeit und in jeglicher Form essen kann. Hart oder weich, im Glas, als Omelett, als Eierspeise oder mit Gemüse gebraten – Eier passen einfach immer!

Frittata & Strapazzada

Curryomelette

2 EL Pflanzenöl
4 Frühlingszwiebeln
3–4 Chilischoten
4 Knoblauchzehen
1 TL Kurkuma
2 EL Koriander
2 EL Kreuzkümmel
8 Eier
Koriandergrün zum
Bestreuen

Backofen vorheizen. Das Öl in einer feuerfesten Pfanne erhitzen, Frühlingszwiebeln schneiden, Chilischoten und Knoblauch hacken und alles zusammen mit einem Teelöffel Kurkuma beigeben und anbraten. Gemahlenen Koriander und Kreuzkümmel zufügen und alles unter gelegentlichem Rühren eine weitere Minute dünsten lassen. Eier verquirlen und eingießen, die Pfanne leicht schwenken, damit die Eier am Boden fest werden. Wenn das Omelette fast vollständig gestockt ist, kurz in den heißen Backofen stellen. Mit frisch gehacktem Koriandergrün servieren.

Frittata verde

500 g Kräuter und grünes
Gemüse (Spinat, Mangold,
Kerbel, Petersilie,
Schnittlauch, Basilikum,
Estragon, Borretsch,
Rucola, Brennnesseln etc.)
2 Knoblauchzehen
2 altbackene Semmeln
etwas Milch
6 Eier
Salz, Pfeffer
3 EL Parmesan
5 EL Olivenöl

Kräuter und Gemüse grob, Knoblauch fein hacken. Semmeln in Scheiben schneiden und in etwas heißer Milch einweichen. Eier, Knoblauch, Salz und Pfeffer mit dem Schneebesen gut verrühren, Semmeln ausdrücken und zusammen mit dem Parmesan untermischen.

In einer großen Pfanne das Öl erhitzen und die Kräuter und das Gemüse kurz darin andünsten. Die Eier-Semmel-Mischung darübergießen. Die Pfanne schwenken, damit sich alles gut verteilt. Bei mittlerer Hitze zunächst eine Seite stocken lassen und dann knusprig braun braten. Wenden und auch die zweite Seite bei schwacher Hitze fertig braten.

Strapazzada

Olivenöl
2 Paprikaschoten
4 große Tomate
8 frische Eier
Salz und Pfeffer
Schafskäse

Olivenöl in der Pfanne erhitzen. Paprikaschoten hacken und in der Pfanne etwas anbraten. Die Tomaten in Würfel schneiden und dazugeben. Die Eier verquirlen und mit Salz und Pfeffer würzen, dann zu den Tomaten geben, dabei ab und zu umrühren. Die Strapazzada mit zerbröseltem Schafskäse bestreuen und servieren.

Kartoffel-Gemüse-Frittata

300 g Kartoffeln
4 EL Olivenöl
2 Karotten
1 Zucchini
1 rote Paprikaschote
1 Bund Frühlingszwiebeln
2 Knoblauchzehen
100 g mittelalter Pecorino
8 Eier
Salz, Pfeffer

Die Kartoffeln schälen und in dünne Scheiben schneiden. In einer Pfanne einen Esslöffel Öl erhitzen und die Kartoffeln bei mittlerer Hitze etwa zehn Minuten braten. Immer wieder umrühren, dann die Kartoffeln aus der Pfanne nehmen. Inzwischen Gemüse waschen bzw. putzen, Karotten schälen. Zucchini und Karotten in Scheiben, Paprika in Streifen, die Frühlingszwiebeln in Ringe schneiden. Erneut einen Esslöffel Öl erhitzen, Karotten und Paprika darin anbraten. Zusammen mit den Zucchinistücken und den Zwiebelringen zu den Kartoffeln geben. Den Knoblauch schälen und direkt in die Pfanne pressen. Käse klein schneiden und zum Gemüse geben. Die Eier aufschlagen, kurz verquirlen und mit Kartoffeln, Gemüse und Käse vermischen. Mit Salz und Pfeffer würzen. Das restliche Öl in der Pfanne erhitzen und die Kartoffelmasse hineingeben und so verteilen, dass alle Scheiben möglichst waagrecht liegen. Temperatur reduzieren und die Frittata auf beiden Seiten etwa zehn Minuten backen, bis sie schön knusprig ist.

Zucchiniomelette

1 Knoblauchzehe
125 g Zucchini
3–4 Basilikumblätter
1 EL Olivenöl
Salz
4 Eier
4 EL geriebener Parmesan
etwas Zitronensaft
Pfeffer

Die Knoblauchzehe schälen und leicht zerdrücken, Zucchini in feine Scheiben schneiden, die Basilikumblätter klein zupfen. In einer beschichteten Pfanne etwas Öl erhitzen, Knoblauch und Zucchini darin unter ständigem Umrühren goldgelb anbraten. Salzen und das Basilikum zugeben. Vom Herd nehmen und den Knoblauch entfernen.

In einer großen beschichteten Pfanne etwas Öl erhitzen, ein Ei verquirlen und darin schwenken, damit es sich auf dem Pfannenboden verteilt. Etwa ein Viertel der Zucchini und einen Esslöffel Parmesan darüberstreuen. So lange backen, bis das Ei gestockt und unten leicht gebräunt ist. Den restlichen Teig auf diese Art fertig backen. Gegebenenfalls etwas Öl zugeben. Mit einigen Spritzern Zitronensaft und Pfeffer servieren.

Bratlinge sind eine tolle Sache!

Man kann sie mit Gemüse oder mit Getreide zubereiten, frittieren oder braten, als Hauptspeise servieren oder zwischen zwei Semmelhälften legen. Wichtig ist nur, dass alles den notwendigen Zusammenhalt hat – ansonsten kann man sich austoben –

ohne Ende.

Lauter
Bratlinge

Getreidebratlinge

2 EL Öl
120 g gemischter Getreideschrot (aus Weizen,
Roggen, Hirse, Gerste,
Hafer, Buchweizen)
300 ml klare Gemüsebrühe
200 g Zucchini
4 Frühlingszwiebeln
1 Knoblauchzehe
160 g Magerquark
2 Eier
Salz, Pfeffer

Öl in einem kleinen Topf erhitzen, Getreideschrot dazugeben und kurz, nicht zu scharf anrösten. Mit einem Schuss Brühe ablöschen, Hitze reduzieren und den Getreidebrei zehn Minuten lang unter ständigem Rühren garen. Nach und nach Brühe dazugießen, dann vom Herd nehmen und abkühlen lassen.

Die Zucchini mit einem Gemüsehobel grob raspeln, Frühlingszwiebeln in feine Röllchen schneiden, Knoblauch fein hacken. Den abgekühlten Getreidebrei mit Zucchini, Frühlingszwiebeln, Knoblauch, Quark und Eiern verrühren und mit Salz und Pfeffer abschmecken. Öl in einer Pfanne erhitzen und von der Getreidemasse einen guten Esslöffel pro Bratling abstechen, in das heiße Öl setzen und knusprig braten. Mit Salat und Joghurtsauce servieren.

Überbackene Getreidebratlinge

600 ml klare Gemüsebrühe
200 g Dinkelschrot
(Weizen- oder Gerstenschrot)
½ Zwiebel
Petersilie
1 Karotte
½ Paprikaschote
Öl zum Anbraten
1 Ei
Kräutersalz,
Pfeffer
1 Knoblauchzehe
eventuell Hafer- oder
Dinkelflocken zum Binden
Käse zum Überbacken
125 ml Schlagsahne

Backofen auf 200–220 °C vorheizen. Gemüse-brühe aufkochen, Dinkelschrot hineingeben und unter ständigem Rühren einige Minuten einkochen lassen, bis ein dicklicher Brei entsteht, danach für zwei bis drei Stunden quellen lassen.
Zwiebel und Petersilie hacken, Karotte putzen und fein reiben und die Paprikaschote entkernen und fein würfeln. Zwiebel anrösten und gemeinsam mit allen übrigen Zutaten zum Dinkelschrot geben, alles gut miteinander vermengen, kräftig würzen. Falls die Masse zu weich ist, mit Hafer- oder Dinkel-flocken binden. Bratlinge aus der Masse formen, auf ein mit Backpapier ausgelegtes Blech geben. Käse darüberreiben, mit Schlagsahne übergießen und etwa eine Viertelstunde im Ofen überbacken.

Haferflockenbratlinge

400 g Haferflocken
3 Karotten
1 Sellerieknolle
1 Zwiebel
1–2 Knoblauchzehen
250 g Champignons
2–4 in Öl eingelegte
Tomaten
etwas Öl
200 ml klare Gemüsebrühe
2 EL Sojasauce
½ TL Rosmarin- und
Salbeipulver
wenig Rosenpaprika
3 Eier
5 EL Brösel
1 Bd. Schnittlauch

Die Haferflocken ohne Fett in einer Pfanne anrösten und zur Seite stellen. Währenddessen die Karotten und den Sellerie raffeln und Zwiebel, Knoblauch, Champignons und Tomaten fein schneiden.
In derselben Pfanne das Öl erhitzen, das Gemüse mit Zwiebeln und Knoblauch darin leicht andämpfen, mit der Brühe ablöschen. Sojasauce, Rosmarin- und Salbeipulver und Rosenpaprika dazugeben und unter mehrmaligem Wenden weitere fünf Minuten dünsten.
Alles in eine Schüssel geben und mit den Eiern, den Bröseln, den gerösteten Haferflocken und dem Schnittlauch vermischen. Kleinere Bratlinge aus der Masse formen, nochmals in Bröseln wenden und in Öl schwimmend goldgelb ausbacken.

Schnelle Haferflockenbratlinge

½ Zwiebel
250 ml klare Gemüsebrühe
1 Ei
ca. 8 EL Haferflocken
Öl zum Backen

Zwiebel fein hacken und in einem Topf mit Gemüsebrühe aufkochen. Vom Herd nehmen, die Haferflocken und das Ei einrühren und etwa 15 Minuten ziehen lassen.
Aus der Masse kleine Bratlinge formen. Wenn die Masse zu locker ist, etwas mehr Haferflocken beigeben. Öl in einer weiten Pfanne erhitzen und die Bratlinge schwimmend darin goldbraun backen. Abtropfen lassen und heiß servieren.

Gemüsebratlinge

800 g gemischtes Gemüse
(z.B. Karotten, Lauch
und Zucchini)
Salz
3 Knoblauchzehen
1 Bd. Dill
1 Bd. Petersilie
100 g Schafskäse
2 EL Mehl
2 große Eier
Pfeffer
Olivenöl

Das Gemüse waschen bzw. putzen und fein raspeln, mit Salz bestreuen und 15 Minuten ziehen lassen. Danach ausdrücken und die Flüssigkeit abgießen. Knoblauch pressen und dazugeben. Dill und Petersilie waschen, trocken schwenken, die Blättchen abzupfen und fein hacken. Den Schafskäse fein zerbröseln. Alles unter das Gemüse mischen, mit Pfeffer würzen und gut verrühren. Das Olivenöl in einer Pfanne erhitzen. Die Gemüsemasse esslöffelweise in das heiße Fett setzen, flach drücken und die Bratlinge bei mittlerer Hitze auf beiden Seiten jeweils knusprig braun braten. Mit Fladenbrot und Gurken-Joghurt-Sauce servieren.

Dinkelbratlinge

½ Fenchelknolle
1 Karotte
1 Zwiebel
1 Knoblauchzehe
Sonnenblumenöl
4 EL Dinkelflocken
2 EL Dinkelmehl
2 EL Dinkelgrieß
2 EL Dinkelkörner
1 Ei
Salz, Pfeffer
Galgant

Fenchel und Karotte putzen, klein schneiden, Zwiebel und Knoblauch schälen und klein würfeln. Sonnenblumenöl und etwas Wasser vermischen, erhitzen und die Gemüsestücke darin dünsten. Dinkelkörner 20 Minuten kochen. In einer Schüssel Dinkelflocken, Dinkelmehl, Dinkelgrieß und Dinkel-körner mit den Gewürzen zum Gemüse dazugeben. Löffelweise Portionen im Öl auf beiden Seiten goldbraun braten. Die Bratlinge gelingen auch, wenn man das Ei weglässt. Dazu passt grüner Salat.

Nussbratlinge

2 Zwiebeln
200 g altes Brot
150 g würziger Käse
100 g gemahlene Haselnüsse
etwas klare Gemüsebrühe
Öl zum Braten

Die Zwiebeln schälen und fein hacken, das Brot grob hacken, den Käse reiben und alles mit den Nüssen vermischen. Etwas Brühe so lange mit der Nussmischung verkneten, bis eine gut knetbare Masse entsteht. Kleine Bratlinge formen und in etwas Öl goldbraun braten.

Hirsebratlinge

1 EL Olivenöl
1 Schalotte
1 Knoblauchzehe
etwas Ingwer
150 g Hirse
200 ml Wasser
Salz, Pfeffer
1 Ei
½ Bd. Petersilie
Öl zum Braten
700 g gemischtes Frühlings-
gemüse (Karotten, Früh-
lingszwiebeln, Sprossen,
Kohlrabi …)
3 EL Olivenöl
1 kleine Chilischote
1 Knoblauchzehe

Öl erhitzen, Schalotte, Knoblauch und Ingwer hacken und darin anschwitzen. Hirse im Sieb abspülen und dazugeben. Mit dem heißen Wasser aufgießen, salzen und pfeffern und etwa acht Minuten köcheln lassen. Den Herd abschalten und zehn Minuten nachquellen lassen. Währenddessen das Gemüse waschen bzw. putzen und klein schneiden. In einer Pfanne Öl erhitzen, gehackten Chili, Knoblauch und Ingwer anbraten. Das Gemüse nacheinander dazugeben und mitbraten. Ein paar Esslöffel Wasser dazugeben und zugedeckt etwa fünt Minuten fertig dünsten.

Ei verquirlen, Petersilie hacken, beides vermischen und in die Hirse rühren. Gegebenenfalls abschmecken, kleine flache Bratlinge aus der Masse formen. Öl in einer Pfanne erhitzen und die Bratlinge auf beiden Seiten goldgelb backen. Auf Küchenpapier abtropfen lassen.

Die fertigen Bratlinge mit dem Frühlingsgemüse servieren.

Die vegetarische Küche wird oft als nicht vollwertig betrachtet. Wenn kein Fleisch drin ist, dann fehlt da einfach was. Aber wer sagt, dass das Wiener Schnitzel nicht auch fleischlos zubereitet werden kann?

Falscher Falscher Hase & Co.

Falscher falscher Hase

425 ml klare Gemüsebrühe
75 g getrocknete Spalterbsen
50 g Puy-Linsen
50 g braune Linsen
50 g Butter
75 g Fenchel
1 kleine Lauchstange
½ rote Paprikaschote
1 Knoblauchzehe
¼ TL Cayennepfeffer
¼ TL Muskatnuss
1 großes Ei
2 EL gehackte Petersilie
Salz, Pfeffer

Backofen auf 190 °C vorheizen. Die Brühe zum Kochen bringen, Spalterbsen und Puy-Linsen einrühren und zugedeckt etwa fünf Minuten köcheln lassen. Die restlichen Linsen zugeben und etwa eine halbe Stunde köcheln lassen, bis die Erbsen und Linsen weich sind.

Die Butter in einer Pfanne zerlassen, Gemüse fein hacken, Knoblauch pressen und beides etwa zehn Minuten goldbraun braten. Nun die Erbsen und Linsen einrühren und Cayennepfeffer, Muskatnuss und Petersilie zugeben, Ei verquirlen und einrühren. Gut mischen und würzen. Die Mischung in eine Kastenform löffeln und fest andrücken. Mit Alufolie gut abdecken und 40 Minuten im Ofen backen, danach aus dem Ofen nehmen und etwa 15 Minuten ruhen lassen. Anschließend vorsichtig die Ränder mit einem Messer lösen, Braten in Scheiben schneiden und servieren.

Überbackener Blumenkohl

1 großer Blumenkohl
40 g Butter
60 g Mehl
500 ml Milch oder Brühe
1–2 Eidotter
etwas Zitronensaft
Salz, Pfeffer
50 g Parmesan
30 g Bröseln
30 g Butter

Backofen vorheizen. Den Blumenkohl putzen und in Salzwasser bissfest kochen. Abseihen, abtropfen lassen, in Röschen zerteilen und in eine gebutterte Auflaufform legen.

Für die Sauce Butter zerlassen, Mehl einstreuen und kurz anschwitzen lassen. Mit Milch oder Brühe aufgießen und aufkochen lassen. Kurz abkühlen lassen, dann Eidotter einrühren, mit Zitronensaft, Salz und Pfeffer abschmecken und etwa die Hälfte des geriebenen Parmesans unterrühren. Die Sauce gleichmäßig über den Blumenkohl verteilen und mit Bröseln und dem restlichen Parmesan bestreuen. Butter zerlassen und darübergießen, im heißen Ofen etwa zehn Minuten überbacken lassen.

Blumenkohlpuffer

600 g Blumenkohl
4 große Eier
8 EL Mehl
8 EL Sesam
Salz
Öl

Den Blumenkohl in kleine Röschen teilen und in wenig Salzwasser weich kochen. Abseihen und mit einer Gabel grob zerdrücken. Mit den Eiern, Mehl und Sesam verrühren, salzen. Bratlinge formen und in wenig Öl von beiden Seiten goldbraun braten.

Kartoffelpalatschinken

350 g mehlige Kartoffeln
ca. 500 ml Milch
4 Eier
1 EL Sauerrahm
3 EL Dinkelmehl
Salz

Kartoffeln weich kochen, schälen und noch heiß durch die Kartoffelpresse drücken. Milch und Eier dazugeben und gut verrühren. Sauerrahm, Salz und Mehl einrühren, bis ein sämiger Teig entsteht. Wenig Butter in einer Pfanne erhitzen, den Kartoffelteig dünn eingießen und Palatschinke für Palatschinke jeweils auf beiden Seiten goldbraun backen.

Kartoffelpuffer mit Zucchini

5 mehlige Kartoffeln
2 mittelgroße Zucchini
1 kleine Zwiebel
3 Eier
1 EL Sonnenblumenkerne
3 EL Mehl
1 Msp. Backpulver
Salz, Pfeffer
Öl zum Braten

Kartoffeln und Zucchini schälen, reiben, gut auspressen und miteinander vermischen. Zwiebel fein hacken, Eier verquirlen und beides zusammen mit den Sonnenblumenkernen zu der Kartoffel-Zucchini-Masse mischen. Mehl, Backpulver, Salz und Pfeffer vermischen und ebenfalls beimengen. In einer Pfanne wenig Öl erhitzen, mit einem Esslöffel Teig ausstechen, in die Pfanne geben, flachdrücken und von beiden Seiten goldbraun braten. Dazu passt grüner Salat.

Kohlpuffer

4 Scheiben Vollkorntoast
200 ml Milch
2 Zwiebeln
2 TL Butter
500 g Grünkohl
2 Eier
Salz, Pfeffer
Cayennepfeffer
3–4 Prisen Kümmelpulver
2 EL Öl zum Braten

Die Toastbrotscheiben in etwa ein Zentimeter große Würfel schneiden. Milch leicht erwärmen und über die Brotwürfel gießen. Butter erhitzen, Zwiebeln in feine Würfel schneiden und darin etwa zwei Minuten lang glasig dünsten.

Grünkohl von groben Stielen befreien, in kochendes Salzwasser geben und so lange kochen lassen, bis er weich ist. Abgießen, eiskalt abschrecken, gut ausdrücken und grob schneiden.

Eier, gedünstete Zwiebeln und Toastbrot mischen, mit Salz, Pfeffer, Cayennepfeffer und Kümmel abschmecken. Zum Schluss den gehackten Grünkohl unterheben und gut verkneten. Die Masse mit feuchten Händen zu Kugeln formen und flach drücken.

Das Öl in einer großen Pfanne erhitzen, Bratlinge hineinlegen und vier Minuten bei mittlerer Hitze braten, wenden und in weiterer vier Minuten bei geringer Hitze fertig garen lassen, dabei mehrmals wenden.

Kürbis-Tofu-Pfanne

Öl zum Anbraten
300 g Tofu
1 Stange Lauch
2 Knoblauchzehen
2 TL Koriander
2 TL Kreuzkümmel
2 TL Senfkörner
1 kg Kürbisfruchtfleisch
200 ml Orangensaft
1 TL Rohrzucker

Öl in einer Pfanne erhitzen, Tofu würfeln, Lauch schneiden, beides einrühren und goldbraun anbraten. Abtropfen lassen und beiseitestellen. In einem zweiten Topf Öl erhitzen, Knoblauch fein hacken und zusammen mit den Gewürzen unter ständigem Rühren bei schwacher Hitze anrösten – so lange, bis die ersten Senfkörner platzen. Kürbisfleisch hacken, zugeben und in den Gewürzen wenden. Orangensaft und Zucker vermischen, beigeben und aufkochen, bei geschlossenem Deckel einige Minuten kochen lassen. Tofuwürfel zugeben und fünf Minuten weiterköcheln lassen, bis der Kürbis weich ist. Lauchringe untermischen und servieren.

Kürbispuffer

FÜR 2–4 PERSONEN

2 Bd. Koriander oder
Petersilie
2 kleine Kürbisse
400 g Schafskäse
3–4 Knoblauchzehen
100 g Maismehl
100 g Weizenmehl
6 Eier
Salz, Pfeffer
12 EL Pflanzenöl

Koriander bzw. Petersilie waschen und trocken tupfen, die Blättchen von den Stängeln zupfen und klein schneiden (einige zum Garnieren zurücklassen). Das Kürbisfleisch grob raspeln. Die Hälfte des Schafskäses zerbröseln, Knoblauch dazupressen. Mais- und Weizenmehl, Eier, Kürbisfruchtfleisch und Koriander untermischen und so lange rühren, bis ein Teig entsteht. Mit Salz und Pfeffer würzen. Öl portionsweise in einer Pfanne erhitzen. Kleine Puffer aus dem Teig braten und anschließend warm stellen. Den restlichen Schafskäse zerbröseln und über die Puffer streuen. Mit den restlichen Koriander-/Petersilienblättern garnieren und nach Belieben mit Joghurt und grünem Salat servieren.

Getreiderösti

400 g Getreidekörner
(Dinkel, Grünkern, Weizen)
Salz
3 EL Maiskeimöl
100 g Karotten
100 g Fenchel
100 g Chinakohl
100 g Lauch
1 Zwiebel
2 Knoblauchzehen
2 Bd. Petersilie
Cayennepfeffer
2 EL Miso
etwas Kerbel
etwas junge Liebstöckel-
blätter

Die Getreidekörner etwa 45 Minuten in ausreichend
Wasser köcheln lassen, kurz vor Ende der Garzeit
etwas salzen. Etwa fünf Minuten nachquellen
lassen und das restliche Kochwasser abgießen.
In der Zwischenzeit das Gemüse waschen bzw.
putzen und alles fein schneiden. Das Öl in einer
großen Pfanne erhitzen, das Gemüse darin
andünsten. Lauch, Zwiebel, Knoblauch und Petersilie dazugeben, mit Cayennepfeffer und Miso
würzen. Abschließend die Getreidemischung
einrühren und bei reduzierter Temperatur stetig
wenden und so lange rösten, bis die Körner mäßig
braun werden. Kurz vor dem Servieren Kerbel und
Liebstöckel hacken und dazugeben.

Auberginenpuffer

1 kg Auberginen
2 Scheiben trockenes Brot
etwas Öl
1 Zwiebel
2 Knoblauchzehen
etwas frische Minze
1 Bd. Petersilie
etwas Mehl
etwas Olivenöl
Salz, Pfeffer
etwas Schafskäse

Auberginen bei 200 °C so lange im Backofen backen, bis sie Blasen werfen und sich leicht durchstechen lassen, danach beiseitestellen.
In einer Schüssel das Brot in etwas heißem Wasser einweichen. Gut ausdrücken und grob zerteilen.
Öl in einer Pfanne erhitzen, die Zwiebel und den Knoblauch fein hacken und anrösten. Die Minze und die Petersilie fein hacken und zum Brot geben. Das Fleisch der Auberginen ausschaben und ebenfalls dazugeben. Die Masse mit etwas Mehl vermengen und kurz ziehen lassen.
Olivenöl in einer Pfanne erhitzen, je einen Esslöffel der Masse in die Pfanne geben und etwa zwei Minuten braten lassen, dann etwas andrücken. Nach einer weiteren Minute wenden und die zweite Seite anbraten. Schafskäse zerbröseln, auf die Auberginenpuffer legen und servieren.

Auberginen-Mozzarella-Auflauf

1,5 kg Auberginen
Salz
8 EL Olivenöl
1 große Zwiebel
1–2 Knoblauchzehen
1 Dose Tomaten (850 ml)
½ Bd. Basilikum
Pfeffer
5–6 EL Mehl
200 g Mozzarella
100 g Parmesan
Fett für die Form

Auberginen putzen, waschen, der Länge nach in gleich dicke Scheiben schneiden. Auf beiden Seiten salzen und etwa 15 Minuten ziehen lassen. Etwas von dem Öl in einer Pfanne erhitzen, Zwiebel und Knoblauch hacken und darin andünsten.

Tomaten mitsamt dem Saft beigeben und einrühren, fünf bis zehn Minuten köcheln lassen. Inzwischen Basilikum waschen, trocken tupfen, die Blätter abzupfen, klein hacken und beigeben und mit Salz und Pfeffer würzen. Auberginen trocken tupfen, in Mehl wenden, salzen und pfeffern, restliches Öl erhitzen und die Auberginenscheiben darin anbraten.

Mozzarella in gleich dicke Scheiben schneiden und abwechselnd mit den Auberginenstücken in eine Auflaufform schichten, wobei mit den Auberginen begonnen werden sollte. Die Tomatensauce darübergießen und Parmesan obenauf streuen.

So lange wiederholen, bis keine Auberginen mehr vorhanden sind, die letzte Schicht sollte aus der Sauce bestehen. Den restlichen Käse darüberreiben. Etwa 20 Minuten im Ofen backen und mit frischem Brot servieren.

Napolitanisches Ratatouille

1 Zwiebel
2 Knoblauchzehen
4 Eiertomaten
350 g Kartoffeln
450 g Auberginen
1 rote Paprikaschote
1 gelbe Paprikaschote
50 ml Olivenöl
1 TL getrockneter Oregano
1 Handvoll frische
Basilikumblätter
Salz, Pfeffer

Die Zwiebel in Scheiben schneiden, den Knoblauch pressen. Tomaten überbrühen, enthäuten, entkernen und klein würfeln. Kartoffeln schälen, Auberginen und Paprikaschoten waschen und alles in Würfel schneiden.

Öl in einem großen Topf erhitzen, Temperatur reduzieren und zunächst die Zwiebelscheiben bei mittlerer Hitze glasig dünsten. Dann Knoblauch, Kartoffeln, Auberginen und Paprika zufügen. Die Hitze steigern und alles unter ständigem Rühren braten. Schließlich Tomaten und Oregano unterrühren. Das Basilikum hacken und über das Gemüse streuen, mit Salz und Pfeffer abschmecken. Bei geschlossenem Deckel eine halbe Stunde leicht köcheln lassen und mit knusprigem Weißbrot servieren.

Gefüllte Ochsenherzen

100 g Bulgur
4 große Ochsenherz-
Tomaten
1 Schalotte
Salz, Pfeffer
je ein Zweig Basilikum,
Rosmarin, Thymian
1 Pkg. Schafskäse

Backofen auf 200 °C vorheizen. Bulgur mit kochendem Wasser übergießen und etwa eine halbe Stunde darin quellen lassen, bis die Körner aufgequollen sind. Wenn nötig, abtropfen lassen. Tomaten waschen und jeweils ein Ende davon abschneiden und diese beiseitelegen. Mithilfe eines Teelöffels die Tomaten vorsichtig aushöhlen, das Fruchtfleisch klein hacken. Dann die Schalotte klein würfeln, mit dem klein gehackten Tomatenfleisch, etwas Salz und Pfeffer mischen und alles zusammen kurz in einer heißen Pfanne anbraten. Die Kräuter fein hacken und beimengen. Den Schafskäse zerbröseln und alles zu einer Masse kneten. Diese in die ausgehöhlten Ochsenherz-Tomaten füllen und in eine feuerfeste Form geben. Die zuvor abgeschnittenen Enden der Tomaten wieder auflegen und die Ochsenherzen etwa 15 Minuten im Ofen garen.

Gebackene Paprikaschoten mit Gorgonzolapolenta

FÜR 4–6 PERSONEN

4 rote Paprikaschoten
4 reife Eiertomaten
4 Knoblauchzehen
16 Basilikumblätter
16 schwarze Oliven,
entkernt
2 EL Kapern
8 EL Olivenöl
4 TL Balsamico-Essig
Salz, Pfeffer
500 ml Wasser
200 g Polenta
50 g Butter
100 g Gorgonzola
einige Rucolablätter

Den Backofen auf 200 °C vorheizen. Die Paprikaschoten der Länge nach halbieren und die Kerne entfernen, die Stiele nicht wegschneiden, da sie die Schoten zusammenhalten. Die Tomaten entkernen und vierteln, den Knoblauch in feine Scheiben schneiden. Basilikum waschen, trocken tupfen und die Blätter abzupfen.

Die Paprikahälften in eine große Pfanne setzen und Tomaten, Oliven und Kapern gleichmäßig darin verteilen. Knoblauchscheiben und Basilikum dazwischenstecken und mit Öl und Essig beträufeln. Mit Salz und Pfeffer würzen. Etwa eine halbe Stunde im Ofen backen.

Inzwischen für die Gorgonzola-Polenta das Wasser mit einer Prise Salz in einem Topf zum Kochen bringen. Die Hitze reduzieren und die Polenta unter ständigem Rühren in das köchelnde Wasser rieseln lassen. So lange köcheln lassen, bis ein dicker Brei entsteht, dabei ständig umrühren, damit keine Klümpchen entstehen. Butter einrühren, Gorgonzola klein würfeln und ebenfalls untermischen.

Ein flaches Tablett mit Wasser benetzen und den Polentabrei gleichmäßig darauf verteilen. Abkühlen lassen, bis die Polenta fest ist, und in vier Quadrate schneiden, auf ein beschichtetes Backblech legen und unter dem heißen Grill so lange grillen, bis der Käse Blasen wirft und schmilzt.

Auf vorgewärmten Tellern anrichten, die Paprikahälften daraufsetzen und mit etwas Rucola garnieren.

Gefüllte Paprika

4 große Paprikaschoten
150 g Couscous
Gemüsebrühe
200 g Schafskäse
1 Bd. Lauchzwiebeln
2 Knoblauchzehen
Salz, Pfeffer
Oregano
1 EL Olivenöl
1 kg Fleischtomaten

Backofen auf 200 °C vorheizen. Paprika der Länge nach halbieren und die Kerne entfernen. Couscous mit doppelter Menge heißer Gemüsebrühe aufgießen und quellen lassen. Käse würfeln, Lauchzwiebeln putzen und in dünne Ringe schneiden, Knoblauch hacken.

Den fertigen Couscous mit Schafskäse, Lauchzwiebeln und Knoblauch mischen, mit Salz, Pfeffer und Oregano würzen und in die Paprikahälften füllen. Eine Auflaufform mit etwas Öl ausstreichen und die gefüllten Paprikahälften einschichten. Tomaten in Spalten schneiden, entkernen, salzen und zwischen den Paprikahälften verteilen. Mit dem restlichen Olivenöl beträufeln. Etwa eine halbe Stunde im Ofen backen, bis die Oberfläche leicht angebräunt ist.

Rotkohlstrudel

1 kg Rotkohl
Salz, Pfeffer
etwas Kümmel
2 EL Sonnenblumenöl
1 Zwiebel
125 ml Rotwein
250 ml Schlagsahne
2 Eidotter
1 Bd. Petersilie
100 g Nüsse
1 Pkg. Strudelblätter
etwas Butter

Backofen auf 180 °C vorheizen. Den Rotkohl schneiden und mit Salz, Pfeffer und Kümmel in einer Schüssel vermischen und zugedeckt etwa eine halbe Stunde ziehen lassen.

Öl erhitzen, Zwiebel fein hacken, darin anschwitzen lassen und mit Rotwein ablöschen. Den Rotkohl gut ausdrücken, dazugeben und etwa 15 Minuten weich dünsten lassen. Anschließend die Sahne zugießen und den Kohl damit eindicken. Etwas auskühlen lassen und die Eidotter unterrühren. Die Petersilie fein hacken und zusammen mit den Nüssen untermischen. Die Masse abkühlen lassen, auf die Strudelblätter verteilen, diese nicht zu eng einrollen und mit etwas zerlassener Butter bestreichen. Im Ofen etwa eine halbe Stunde backen.

Gebackener Schafskäse

200 g Blattsalate
einige Zweige Basilikum,
Rosmarin und Salbei
1 Bd. Zitronenthymian
Schale von 1 Zitrone
2 EL Semmelbrösel
4 dicke Scheiben Schafskäse
2 EL Kapern
4 Scheiben Brot
frische Kräuter zum
Garnieren
Öl

Für die Marinade:
2 EL Balsamico-Essig
1 TL Honig
1 TL milder Senf
Salz, weißer Pfeffer
8 EL Olivenöl

Den Backofen auf 200 °C vorheizen.
Die Salate putzen, waschen und trocken schleudern. Für das Dressing Essig, Honig, Senf mit Salz und Pfeffer verrühren. Nach und nach insgesamt vier Esslöffel Öl einrühren und nochmals mit Salz und Pfeffer abschmecken.
Kräuter fein hacken und zusammen mit der Zitronenschale und den Semmelbröseln vermischen. Käse leicht pfeffern und beide Seiten in die Bröselmischung drücken. Eine Auflaufform mit etwas Olivenöl ausstreichen und die Käsescheiben hineinlegen. Mit zwei weiteren Esslöffeln Öl beträufeln und mit den Kapern bestreuen. Etwa zehn Minuten im Ofen backen.
In der Zwischenzeit die Brotscheiben toasten und anschließend mit dem Olivenöl beträufeln. Die Käsescheiben auf die Brotscheiben legen und mit dem marinierten Salat und den Kräutern garnieren. Servieren, solange das Brot noch heiß ist.

Sellerieschmarren mit Nüssen

500 ml Milch
½ Knollensellerie
Salz
4 Dotter
100 g Mehl
Pfeffer
etwas Muskatnuss
4 Eiklar
2 EL Butter
4 EL gehackte Nüsse

Den Backofen auf 170 °C vorheizen. Milch leicht erwärmen, Knollensellerie schälen, in Stücke schneiden und darin weich kochen, zuvor noch etwas Salz hinzufügen. Mithilfe eines Stabmixers pürieren, Dotter und Mehl vermischen und einrühren. Mit Salz, Pfeffer und Muskatnuss würzen. Die Eiklar mit etwas Salz zu steifem Schnee schlagen und vorsichtig unterheben. Butter in Stücke schneiden, aufschäumen und langsam in die Teigmasse einfließen lassen. Die Masse in eine Auflaufform füllen und im Ofen zwölf Minuten backen, dann wenden und nochmals etwa vier Minuten backen.

Den Schmarren mithilfe einer Gabel zerreißen und in einer heißen Pfanne ohne Fett nochmals kurz durchbraten. Gehackte Nüsse auf den Schmarren streuen und servieren.

Spinatpuffer

400 g tiefgekühlter
Blattspinat
125 ml Schlagsahne
2 Eier
100 g Semmelbrösel
Salz
Ingwer
Muskatnuss
Öl zum Braten

Spinat auftauen, blanchieren, abseihen und gut auspressen. Anschließend mit der Schlagsahne, Eiern, Bröseln und Gewürzen gut vermischen. Aus der Masse kleine Bratlinge formen. Öl in einer weiten Pfanne erhitzen und die Puffer bei mittlerer Hitze auf beiden Seiten goldbraun backen.

Tofueintopf

300 g Tofu

Für die Marinade:
3 Knoblauchzehen
1 Zweig Rosmarin
1 EL klare Gemüsebrühe
2 EL Zitronensaft
2 EL Honig
1 TL gehackter Ingwer
2 EL Sojasauce
1 EL französische
Kräutermischung

Olivenöl
Salz, Pfeffer
400 g Tomaten
10 schwarze Oliven,
entsteint
400 g Auberginen
250 g Zucchini

Den Tofu in etwa fingerdicke Streifen schneiden.
Für die Marinade Knoblauch und Rosmarin fein
hacken und mit den restlichen Zutaten vermischen.
Die Tofuscheiben mindestens eine Stunde darin
einlegen.
In der Zwischenzeit das Gemüse waschen bzw.
putzen und klein schneiden. In eine tiefe Pfanne
etwas Öl, Pfeffer und Salz geben und alle Gemüsestücke unter schnellem Wenden bei hoher Hitze
anbraten, anschließend herausnehmen und warm
stellen.
Erneut etwas Öl erhitzen und den marinierten Tofu
ebenfalls bei hoher Hitze unter schnellem Wenden
anbraten. Anschließend mit der Marinade begießen
und etwa zwei Minuten garen lassen. Kurz vor dem
Servieren das Gemüse zum Tofu in die Pfanne
geben, locker durchmischen, auf Tellern verteilen
und servieren.

Gebratener Tofu

2 EL Tamari
1 EL Miso
1 EL Olivenöl
1 EL Zitronensaft
2 Knoblauchzehen
1 EL gehackte Kräuter
(Petersilie, Basilikum,
Schnittlauch)
400 g Tofu

Tamari, Miso, Öl, Zitronensaft mit etwas Wasser
vermischen. Knoblauch und Kräuter fein hacken
und dazugeben. Tofu in nicht zu dünne Scheiben
schneiden und mindestens eine Stunde in der
Marinade einlegen. Wenig Öl in einer Pfanne erhitzen und die Tofustücke auf beiden Seiten braten.

Wiener Schnitzel

2 große Seitanscheiben
400 ml klare Gemüsebrühe
1 Ei
2 EL Hefeflocken
Salz, Pfeffer
Zwiebelpulver
Brösel
Öl zum Braten

Die Seitanscheiben eine halbe Stunde in der Brühe kochen, herausnehmen und gut ausdrücken. In einer Schüssel das Ei mit den Hefeflocken und den Gewürzen vermischen. Die Masse mindestens fünf Minuten lang durchkneten. Die Seitanscheiben in die Eimasse tauchen, in Bröseln wenden. Öl in einer weiten Pfanne erhitzen und die Schnitzel darin knusprig braten. Dazu passt Kartoffelsalat.

Wurzelgemüseburger

1 Tasse geraspelte
Pastinaken
1 Tasse geraspelte Karotte
3 ½ Tassen geraspelte
Süßkartoffeln
125 g Mehl
3 Eier
50 g Parmesan
2 EL gehackte Petersilie
Salz, Pfeffer
Öl zum Backen
200 g Ziegenkäse oder
Ricotta
Rucola

Mehl mit den Eiern glatt rühren, Gemüse, geriebenen Parmesan, gehackte Petersilie, Salz und Pfeffer daruntermischen. Etwas Öl in einer Pfanne erhitzen und portionsweise jeweils zwei gute Esslöffel der Gemüsemischung in die Pfanne geben, flachdrücken und auf jeder Seite goldbraun backen. Vor dem Servieren mit etwas Ziegenkäse oder Ricotta bestreichen und mit Rucola servieren.

Wurzelgemüsetopf

2 Zwiebeln
2 Knoblauchzehen
2 EL Olivenöl
200 g Karotten
200 g Sellerie
200 g Petersilienwurzel
350 g Kartoffeln
200 g Topinambur
1 l klare Gemüsebrühe
1 EL Butter
Petersilie, Schnittlauch,
Majoran
Salz

Die Zwiebeln und die Knoblauchzehen schälen und in dünne Scheiben schneiden. Öl erhitzen, Zwiebeln und Knoblauch darin anrösten. Das restliche Gemüse waschen und in Würfel schneiden, beigeben und mitrösten. Anschließend mit der heißen Brühe aufgießen und alles so lange köcheln lassen, bis das Gemüse weich ist. Butter aufschäumen und in das Gemüse rühren, dieses mit Salz abschmecken. Kräuter fein hacken und vor dem Servieren auf das Gemüse streuen.

Zucchini-Weizen-Auflauf

500 ml klare Gemüsebrühe
1 Lorbeerblatt
½ TL gemahlener Koriander
½ TL Basilikum
½ TL Liebstöckel
250 g grob geschroteter
Weizen
4 EL Butter
500 g Zucchini
2 Knoblauchzehen
Salz, Pfeffer
Tamari
2 EL gehackte Petersilie
Butter
50 g geriebener Käse

Backofen auf 180 °C vorheizen. Gemüsebrühe mit den Kräutern aufkochen, Weizen unterrühren und kurz aufkochen lassen. Die Hälfte der Butter unterrühren, Hitze reduzieren und bei geschlossenem Deckel mindestens eine halbe Stunde quellen lassen.

In der Zwischenzeit Zucchini waschen und würfeln. Restliche Butter zerlassen und die Zucchiniwürfel darin anbraten. Knoblauch pressen und zusammen mit Salz, Pfeffer und Tamari beigeben. Etwas Wasser hinzufügen und das Gemüse bissfest garen lassen. Anschließend kurz abkühlen lassen. Danach Weizen, Zucchini und Petersilie vermischen, abschmecken und in eine leicht gebutterte Auflaufform streichen. Mit Käse bestreuen und etwa eine halbe Stunde im Ofen backen.

Zucchiniburger

2 große Zucchini
2 Zwiebeln
4 Eier
3 EL Mehl
1 EL gehackte Minze
2 EL gehackter Dill
Salz, Pfeffer
Öl zum Braten

Zucchini und Zwiebeln schälen und fein reiben. Beides mit den Eiern, Mehl, Minze und Dill vermischen. Mit Salz und Pfeffer würzen. Öl in einer großen Pfanne erhitzen. Aus der Zucchinimasse nach und nach einen Esslöffel ausstechen und portionsweise in die Pfanne geben, flachdrücken und auf beiden Seiten gut durchbraten. Vor dem Servieren abtropfen lassen und mit einer Joghurt-Sauce servieren.

Zucchinistrudel

750 g Zucchini
1 Zwiebel
1 EL Petersilie
50 g Butter
3 EL Öl
2 Eier
1 EL Basilikum
50 g Parmesan
50 g Käsewürfel
400 g Blätterteig
1 Ei zum Bestreichen

Backofen auf 200 °C vorheizen. Zucchini waschen und raspeln, Zwiebel schälen und würfeln und Petersilie hacken. Butter und Öl in einer Pfanne erhitzen und das Gemüse darin weich dünsten, danach gut abtropfen lassen. Vor der Weiterverarbeitung gut auskühlen lassen und schließlich mit den restlichen Zutaten vermischen.
Den Blätterteig ausrollen, die Zucchinifüllung gleichmäßig darauf verteilen. Nicht zu fest einrollen, mit verquirltem Ei bestreichen und etwa 40 Minuten im Ofen backen.

Gemüsecurry

1 EL Butter
1 TL Kreuzkümmel
½ TL Kardamom
1 TL Kurkuma
etwas Muskatnuss
1 Zwiebel
2 Knoblauchzehen
etwas frischer Ingwer oder
1 Stängel Zitronengras
2–3 Karotten
½ Selleriestange
250 ml klare Gemüsebrühe
75 ml Schlagsahne
Cayennepfeffer
Salz

Butter in einem großen Topf zerlassen und die Gewürze darin anrösten. Zwiebel fein schneiden, Knoblauch hacken und beides beigeben. Durchrühren und mit frischem Ingwer oder einem Stängel Zitronengras würzen und etwa zwei Minuten garen lassen. Die Karotten schälen, in nicht zu feine Stifte schneiden und zugeben. Den Sellerie putzen, in etwas dickere Stifte schneiden und mit dem anderen Gemüse zugeben und sorgfältig verrühren. Mit heißer Brühe aufgießen und bei geschlossenem Deckel und kleiner Hitze so lange köcheln lassen, bis die Karotten gar sind. Das Curry mit Schlagsahne binden und mit Cayennepfeffer und Salz abschmecken.

Kichererbsencurry

200 g Kichererbsen
2 EL Öl
2 TL Curry
1 große Zwiebel
3 Karotten
700 g Brokkoli
4 EL Wasser
1 Msp. Muskat
Salz, Pfeffer
150 ml Schlagsahne

Kichererbsen über Nacht in reichlich Wasser einweichen, am nächsten Tag in frischem Wasser etwa 45 Minuten kochen.
In einem großen Topf das Öl erwärmen und Curry darin unter kräftigem Rühren kurz anschwitzen. Zwiebel und Karotten in Stücke schneiden, beigeben und etwa fünf Minuten dünsten lassen. Brokkoli waschen und in Röschen zerteilen, zusammen mit dem Wasser zugeben. Die Kichererbsen abgießen, zum Gemüse geben und alles etwa zehn Minuten zugedeckt dünsten, mit Muskatnuss, Salz und Pfeffer abschmecken. Schlagsahne zugießen und einkochen lassen, bis das Curry leicht cremig wird.

Blumenkohl-Kartoffel-Curry

1 Zwiebel
1 Knoblauchzehe
2 grüne Chilischoten
1 Stück frische Ingwer-
wurzel
1–2 säuerliche Äpfel
400 g Blumenkohl
500 g mehlige Kartoffeln
300 g grüne Bohnen
Sonnenblumenöl
1 ½ TL Kreuzkümmel
1 TL gemahlener Koriander
etwas Chilipulver
etwas Gewürznelken
1 TL Ingwerpulver
1 TL Salz
2 TL Kurkuma
4–6 Kardamomsamen
300 ml Sojamilch oder
Kokosmilch
1 Zweig Estragon
Naturjoghurt

Zwiebel und Knoblauch fein schneiden, Chili-schoten entkernen und ebenfalls fein schneiden, Ingwerwurzel und Äpfel reiben, Blumenkohl waschen und in Röschen teilen, Kartoffeln schälen und in Würfel schneiden und die grünen Bohnen in etwa fünf Zentimeter lange Stücke schneiden.

Das Öl in einer Pfanne erwärmen und alle Würz-zutaten so lange darin anbraten, bis Zwiebel und Knoblauch glasig sind, dabei ständig umrühren. Äpfel, Kurkuma und Kardamom sowie das Gemüse dazugeben und bei starker Hitze unter häufigem Wenden kurz andünsten, bis das Gemüse mit den Gewürzen gut durchmischt ist. Die Hitze reduzieren.

Soja- oder Kokosmilch dazugießen und alles zuge-deckt etwa 20 Minuten bei schwacher Hitze unter wiederholtem Wenden garen. Estragon hacken und darüberstreuen und noch in der Pfanne servieren. Naturjoghurt dazu reichen.

Es heißt ja immer, Vegetarier seien Naschkatzen.

Natürlich sind aber auch Nichtvegetarier herzlich eingeladen, die folgenden Rezepte nachzukochen. Denn wo, wenn nicht hier, spielt Fleisch absolut keine Rolle? Und wir finden sowieso: ist doch Wurst, Hauptsache, es schmeckt!

Rehrücken & Gebackene Mäuse

Apfelpfannkuchen

FÜR 6 PERSONEN

1 Apfel
140 g Mehl
1 TL Backpulver
1 Ei
240 ml Milch oder Wasser
1 Prise Salz
1 EL Honig
Butter zum Garen
Joghurt
flüssiger Honig zum
Servieren
1 Prise Zimt

Den Apfel mitsamt der Schale grob raspeln und das Mehl mit dem Backpulver vermischen. Sämtliche Zutaten für den Teig in einer großen Schüssel gründlich verschlagen. Ein kleines Stück Butter in einer Pfanne zerlassen und gleichmäßig darin verteilen. Dann eine Schöpfkelle Teig einfüllen. Den Pfannkuchen einige Minuten darin backen, bis sich kleine Bläschen an der Oberfläche zeigen und der Teig nur gestockt ist, danach wenden und beide Seiten goldbraun backen. Den Vorgang so lange wiederholen, bis kein Teig mehr vorhanden ist. Etwas Joghurt und Honig daraufsetzen, mit Zimt bestreuen und servieren.

Apfeltartes

FÜR 6 PERSONEN

60 g Butter
1 ½ Pkg. Blätterteig
3 EL brauner Zucker
3 Äpfel
½ TL Zimt
1 EL Zitronensaft

Backofen auf 180 °C vorheizen. Butter zerlassen, Blätterteig ausrollen und damit bepinseln, in sechs Stücke schneiden und diese in sechs eingefettete Muffinformen drücken. Den überstehenden Teig abschneiden, Teigförmchen mit insgesamt etwa einem Esslöffel Zucker bestreuen.
Die Äpfel entkernen, in dünne Scheiben schneiden, mit Zimt, dem restlichen Zucker und Zitronensaft vermischen und auf die mit Teig ausgelegten Formen verteilen. 20 Minuten im Ofen backen oder so lange, bis die Äpfel weich sind und der Teig gebräunt und knusprig ist. Warm servieren.

Apfeltiramisu

FÜR 6 PERSONEN

125 g Mascarpone
125 g Quark
250 g Apfelmus
80 g Zucker
1 TL Zitronensaft
½ TL Zimt
250 ml Schlagsahne
125 ml Milch
½ TL Zimt
40 Löffelbiskuits

Mascarpone und Quark mit Apfelmus, Zucker, Zitronensaft und Zimt glatt verrühren. Sahne schlagen und vorsichtig unterheben.
Milch und Zimt vermengen und die Biskuits damit benetzen. Anschließend mit der Apfelcreme schichtweise in eine Schüssel geben, wobei die letzte Schicht aus Apfelcreme bestehen sollte.
Vier bis fünf Stunden kalt stellen. Vor dem Servieren mit Zimt oder mit Kakaopulver bestreuen.

Bananen vom Grill

4 Bananen
Vanilleeis
Mandelsplitter

Bananen mit der Schale auf den Rost legen und so lange grillen, bis die Schale dunkelbraun ist. Aus der Schale lösen und mit Vanilleeis und einigen Mandelsplittern servieren.

Applepie

200 g kalte Butter
1 Ei
375 g Mehl
75 g Zucker

1 kg Äpfel
100 g Zucker
2 Msp. Zimt
1 Msp. Ingwerpulver
3–4 EL Zitronensaft
1 EL Mehl
Butter zum Bestreichen
Mehl

Butter in kleine Stücke schneiden und eine Springform damit bestreichen. Ei trennen, Eiklar und einen
Esslöffel Wasser verrühren, bis eine leicht schau-
mige Konsistenz entsteht.

Mehl, Butterflocken, Dotter, Zucker, vier Esslöffel
kaltes Wasser in eine Schüssel geben und mithilfe
eines Mixers vermischen, bis keine Klümpchen
mehr vorhanden sind. Den Teig zu einer Kugel
formen und zugedeckt etwa eine halbe Stunde
kalt stellen. Backofen auf 200 °C vorheizen.

Äpfel schälen, vierteln, entkernen und quer
in Scheiben schneiden. Zucker, Zimt, Ingwer,
Zitronensaft und Mehl in einer Schüssel mischen.
Den Teig kurz kneten und etwa zwei Drittel zu
einem Kreis ausrollen (etwa 28 Zentimeter Durchmesser). Teig dünn mit Mehl bestreuen und mithilfe
des Nudelholzes in die Form gleiten lassen. Teig
am Rand andrücken, den Boden gleichmäßig mit
einer Gabel einstechen. Teigboden und den oberen
Teigrand mit etwas von dem verquirlten Eiklar
bestreichen. Apfelfüllung darauf verteilen, dabei
den Saft weglassen. Den restlichen Teig für den
Deckel in Formgröße dünn ausrollen und vorsichtig
auf die Äpfel legen, Rand mit dem Gabelrücken
andrücken und mit dem restlichen verquirlten Eiklar
bestreichen. Etwa eine Stunde goldbraun backen.
Kalt oder warm mit Vanilleeis servieren.

Bärentatzen

200 g Dinkelmehl
70 g gemahlene Mandeln
100 g Honig
125 g Butter
1 EL Kakaopulver
¼ TL Zimt
1 Msp. Nelkenpulver
1 Prise Salz

Das Dinkelmehl mit den gemahlenen Mandeln mischen. Die übrigen Zutaten hinzufügen und zu einem glatten Teig verkneten. Den Teig zugedeckt etwa eine Stunde kalt stellen. Backofen auf 180 °C vorheizen und das Backblech einfetten. Aus dem Teig zwei bis drei Zentimeter dicke Teigrollen formen. Mit dem Messer kleine Stücke abschneiden und daraus kleine Kugeln formen. Diese auf das Backblech setzen und mit einer grobzinkigen Kuchengabel andrücken, sodass sie wie Bärentatzen aussehen. Die Plätzchen etwa 15 Minuten backen und vor dem Servieren auskühlen lassen.

Bienenstich

FÜR 8–10 PERSONEN

150 g Mehl
2 TL Backpulver
125 g Zucker
1 Pkg. Vanillezucker
150 g Butter
4 Eier
50 g Butter
40 g Zucker
3 EL Sahne
1 TL Honig
100 g geriebene Mandeln
1 Pkg. Vanillepuddingpulver
250 ml Milch
250 ml Schlagsahne

Backofen auf 180 °C vorheizen. Mehl, Backpulver, Zucker, Vanillezucker, Butter und Eier zu einem glatten Teig verrühren und in eine eingefettete Springform füllen. Etwa 20 Minuten backen. Inzwischen Butter, Zucker, Schlagsahne und Honig in einem Topf zum Schmelzen bringen. Die Mandeln zugeben und aufkochen lassen. Nach 20 Minuten Backzeit die Mandelmischung auf dem Kuchen verteilen und weitere zehn bis 15 Minuten backen. Puddingpulver mit der Schlagsahne und der Milch so lange verrühren, bis die Masse fest wird. Den Teig auskühlen lassen, durchschneiden und mit der Puddingmasse füllen. Gekühlt servieren.

Bratäpfel

4 Äpfel
1 alte Semmel
2 EL Butter
50 g Vollrohrzucker
1 Tasse geriebene
Walnüsse
½ Tasse geriebene
Haselnüsse
1 Pkg. Vanillezucker
4–5 EL Ahornsirup

Backofen auf 160 °C vorheizen. Äpfel waschen, die oberen Enden abschneiden und mit einem Löffel aushöhlen. Das Apfelfleisch klein würfeln, Semmel reiben.
Butter in einer Pfanne erhitzen. Restliche Zutaten – bis auf den Sirup – beimengen, kräftig durchmischen und kurz anrösten. Pfanne vom Herd nehmen, Apfelwürfel und Ahornsirup dazugeben. Die Masse in die ausgehöhlten Äpfel füllen und die Kappen wieder aufsetzen. Die Äpfel auf einem Blech im Backofen etwa 15 Minuten backen.

Bröselnudeln mit Kompott

400 g Bandnudeln
1 feste Birne
1 EL Zucker
1 Schuss Weißwein
etwas Zitronensaft
1–2 EL Butter
12 EL Semmelbrösel
4 EL Walnüsse
Zucker
1 Prise Zimt

Die Bandnudeln kochen. Die Birne waschen, vierteln, schälen, das Kerngehäuse entfernen. Die Spalten dann noch ein- bis zweimal durchschneiden. Ein Esslöffel Zucker in einer Pfanne zerlassen, die Birnenspalten darin wenden, mit einem Schuss Weißwein ablöschen, drei Esslöffel Wasser und ein paar Tropfen Zitronensaft dazugeben, zugedeckt einige Minuten ziehen lassen.
Butter in einer Pfanne zerlassen, die Semmelbrösel und die geriebenen Nüsse kurz darin rösten, Zucker und eine Prise Zimt unterrühren. Die Nudeln abgießen, kurz abtropfen lassen, mit den Bröseln vermischen und mit dem Kompott servieren.

Brownies

100 g Zartbitterschokolade
100 g Mehl
1 TL Backpulver
4 Eier
100 g weiche Butter
125 g Zucker
50 g Walnusskerne

Schokolade klein brechen und in eine kleine Metallschüssel geben. Mehl und Backpulver mischen. Zwei Eier trennen. Walnüsse hacken. Backblech bis zur Hälfte mit Backpapier auslegen. Ein breites Stück Alufolie zur Hälfte unter das Backpapier schieben, die restliche Alufolie zusammenfalten und zu einem Rand nach oben biegen, sodass der später eingefüllte Teig nicht auslaufen kann. Backofen auf 180 °C vorheizen. Die Hälfte der Butter zur Schokolade geben, im Wasserbad schmelzen, abkühlen lassen. Eiklar zu steifem Schnee schlagen. Die restliche Butter mit dem Zucker schaumig rühren. Dotter mit den restlichen zwei Eiern nacheinander unter die Zuckerbutter rühren. Geschmolzene Schokoladenbutter und die Walnüsse zufügen und unterrühren. Die Mehlmischung dazugeben und mit einem Teigschaber kurz untermischen. Den Eischnee unter den Schokoladenteig heben. Den Schokoladenteig auf das vorbereitete Backblech streichen. Teig im Ofen etwa eine halbe Stunde backen. Brownies auf dem Backblech auskühlen lassen und in Stücke schneiden.

Dinkel-Kaiserschmarren

FÜR 6–8 PERSONEN

500 ml Milch
10 Dotter
300 g Dinkelmehl
etwas Bourbon-Vanille
10 Eiklar
75 g Vollrohrzucker
Butter zum Backen
Zucker zum Bestreuen

Milch, Dotter, Mehl und Vanillezucker zu einer glatten Masse verrühren. Das Eiklar anschlagen und langsam mit dem Zucker verrühren, bis eine glatte, feste Konsistenz entsteht. Anschließend vorsichtig unter die Dottermasse heben.

Butter in einer Pfanne aufschäumen lassen und die fertige Kaiserschmarrenmasse darin backen lassen (nicht mehr als drei Zentimeter hoch anfüllen).

Nach einigen Minuten den Teig wenden und fertig backen. Mit zwei Gabeln die fertig gebackene Masse in kleine Stücke reißen und mit Puderzucker bestreuen.

Man serviert den Kaiserschmarren mit Apfelmus, Zwetschgenkompott oder Preiselbeeren.

Dinkel-Scheiterhaufen

250 g Äpfel
Zimt
20 g Rosinen
250 g Dinkeltoastbrot
60 g Schlagsahne
325 g Milch
50 g Vollei
40 g Dotter
8 g Rohrzucker
40 g Nüsse
25 g Honig
Schale von einer Zitrone
1 EL Butter

Die Äpfel schälen, entkernen und in Spalten schneiden. Anschließend mit Zimt und Rosinen vermischen und in etwas Wasser leicht dünsten.

Den Großteil von Sahne und Milch vermischen, Vollei, Dotter, Rohrzucker, gehackte Nüssen, Honig und geriebene Zitronenschale ebenfalls einrühren und die Brotscheiben damit übergießen. Etwa eine Stunde ziehen lassen. Inzwischen den Backofen auf 160 °C vorheizen.

Eine Auflaufform mit Butter ausstreichen und die Brotmasse abwechselnd mit den Äpfeln fächerförmig hineinschichten. Den Rest der Schlagsahne mit der restlichen Milch vermischen und über den Auflauf gießen. Etwa eine halbe Stunde im Ofen backen.

Dinkel-Marmorgugelhupf

15 ml Rapsöl
10 g Kakao
1 EL heißes Wasser
30 g dunkle Schokolade
4 Eidotter
20 g Rohrzucker
1 Prise Vanillezucker
1 Prise Salz
200 g Butter
50 g Rohrzucker
50 g Honig
4 Eiklar
210 g Dinkelmehl
½ Pkg. Backpulver

Öl, Kakao und Wasser vermischen, Schokolade hacken und ebenfalls einrühren. Backofen auf 160 °C vorheizen.
Eidotter, Zucker, Vanillezucker und Salz verrühren. Butter zerlassen, aufkochen und langsam unter die Eimasse rühren. Zucker, Honig und Eiklar zu Schnee schlagen, nach und nach die Eiweißmasse und das mit Backpulver vermischte Mehl unterheben. Guglhupfform mit Butter einfetten und mit Semmelbröseln oder Mehl einstäuben. Ein Drittel der Masse mit der Öl-Schoko-Mischung mischen und dann abwechselnd die helle und die dunkle Masse in die Guglhupfform füllen. Eine knappe Stunde im Ofen backen.

Fruchtsalat

säuerliche Äpfel
frische Ananas
Kiwis
Zitronensaft
rosa Grapefruits
Erdbeeren
Honigmelone
Bananen
Papaya
1 Prise Cayennepfeffer
1 Prise Nelkenpulver
einige eingelegte grüne
Pfefferkörner
1–2 Prisen Salz
wenig Orangensaft
3–4 EL Campari
Ahornsirup oder Birnen-
dicksaft
Zimtpulver
nach Belieben geröstete Nüsse

Die Früchte nach Belieben wählen, waschen, putzen, klein schneiden und mit allen übrigen Zutaten mischen. Kurz durchziehen lassen und gekühlt servieren.

Gebackene Mäuse

250 ml Milch
25 g Hefe
250 g Mehl
40 g Butter
25 g Puderzucker
4 Eidotter
1 EL Vanillezucker
Spritzer Rum
1 Prise Salz
Zitronenschale
Fett zum Backen
Puderzucker zum Bestreuen

Milch erwärmen und Hefe darin auflösen, mit 50 Gramm Mehl glatt rühren, mit etwas Mehl bestauben, zudecken und an einem warmen Ort gehen lassen. Butter zerlassen und alle Zutaten außer Mehl einrühren. Hefe-Milch-Mischung, Mehl und Buttergemisch mit der Küchenmaschine oder mit einem Kochlöffel von Hand kneten, bis sich der Teig vom Rand löst und Blasen wirft. Mit einem Suppenlöffel große Nocken ausstechen, auf ein mit Mehl bestäubtes Tuch legen und zugedeckt an einem warmen Ort gehen lassen.
Reichlich Fett in einer tiefen Pfanne erhitzen, die Teigmäuse einlegen, bei geschlossenem Deckel anbacken, wenden und offen fertig backen. Aus dem Fett heben, abtropfen und abkühlen lassen, mit Puderzucker bestreuen.

Hasenkuchen

300 g Mehl
2 TL Backpulver
150 g Zucker
2 Pkg. Vanillezucker
1 Prise Zimt
1 Prise Salz
150 ml Öl
2 Eier
3 mittelgroße Karotten
1 EL Zitronensaft
2 EL Haselnüsse, gerieben

100 g Puderzucker
etwas Zitronensaft

Backofen auf 180 °C vorheizen. Mehl mit Backpulver mischen und in eine verschließbare Schüssel sieben.
Die übrigen Zutaten der Reihe nach dazugeben. Die Schüssel verschließen und kräftig schütteln. Den Teig gut durchrühren, in eine eingefettete, mit Mehl bestaubte Kuchenform füllen und glatt streichen. Die Form in die untere Hälfte des Ofens schieben und eine knappe Stunde backen. Für die Glasur Puderzucker mit Zitronensaft so lange glatt rühren, bis eine dicke Konsistenz entsteht, den noch warmen Kuchen damit bestreichen.

Hirseflockenauflauf

FÜR 4–6 PERSONEN

2 Eier
1 l Milch
½ TL Salz
250 g Hirseflocken
150 g Frischkäse
100 g Honig
1 TL Zimt
1 TL Limettenschale
2 EL gehackte Mandeln
500 g Sauerkirschen,
entkernt
30 g Butter

Backofen auf 160 °C vorheizen. Eier trennen und Eiklar zu steifem Schnee schlagen. Milch salzen und aufkochen, Hirseflocken hinzugeben, aufkochen, beiseitestellen und zugedeckt etwa zehn Minuten quellen lassen.
Frischkäse mit Honig, Zimt, Limettenschale, Eigelb und Mandeln verrühren, bis eine cremige Masse entsteht, diese schließlich unter die Hirseflocken mischen. Sauerkirschen zugeben, Eischnee vorsichtig unterheben. Die Hirse in eine gefettete Auflaufform geben, mit Butterstückchen belegen und etwa eine Stunde backen.

Hirseauflauf à la böse Stiefmutter

250 g Quark (20 %)
4 EL Hirse
Haselnüsse
Nüsse
Mandeln
3 Eier
250 ml Milch
Butterflocken
1 EL Zucker
1 Vanillezucker

Backofen auf 170 °C vorheizen. Sämtliche Zutaten vermischen, in eine eingefettete Auflaufform gießen und eine halbe bis eine Dreiviertelstunde im Ofen backen.
Mit Sauerkirschen, Kirschen, Beeren oder Himbeersaft servieren.

Kürbiskernöl-Becherkuchen

1 Becher Mehl
1 TL Backpulver
1 Becher Sauerrahm
1 Becher Puderzucker
½ Becher Kürbiskernöl
½ Becher Öl
1 Becher geriebene Kürbiskerne
3 Eier
Butter zum Bestreichen
Semmelbrösel zum Ausstreuen der Backform
Puderzucker zum Bestreuen

Backofen auf 190 °C vorheizen. Mehl mit Backpulver vermischen und die restlichen Zutaten beimengen, mit einem Mixer gut verrühren. Den Teig in einer mit Butter ausgestrichenen und mit Semmelbröseln bestreuten Kastenform etwa eine halbe Stunde backen. Den Kuchen stürzen und abkühlen lassen. Mit Puderzucker bestreut servieren.

Mandelkuchen

6 Eier
1 Prise Salz
60 g Fruchtzucker
Mark von einer Vanilleschote
1 EL Zitronenschale
1 TL Zimtpulver
200 g gemahlene Mandeln
Butter zum Bestreichen
Puderzucker zum Bestreuen

Backofen auf 180 °C vorheizen. Die Eier trennen, Eiklar mit der Prise Salz zu steifem Schnee schlagen, Dotter mit dem Zucker cremig rühren. Vanillemark, Zitronenschale und Zimt unterrühren. Die Mandeln und den Eischnee unterziehen. Den Teig in eine eingefettete Form füllen und im Backofen etwa 50 Minuten backen. Den Kuchen vor dem Servieren abkühlen lassen und dann stürzen. Mit Puderzucker bestreuen.

New Yorker Käsekuchen

250 g Mehl
60 g Zucker
1 Pkg. Vanillezucker
1 Dotter
120 g kalte Butter
600 g Doppelrahmfrischkäse
Schale von 1 unbehandelten
Zitrone
100 g Zucker
1 Pkg. Vanillezucker
3 Eier
2 EL Mehl
2 EL Sahne
10 g Butter zum Einfetten
Mehl zum Ausrollen

Für den Teig Mehl, Zucker und Vanillezucker vermischen. Dotter und Butter zufügen und alles kurz mit einem Mixer vermischen. Eventuelle Teigklümpchen mit den Händen glatt kneten. Den Teig zu einer Kugel formen und zugedeckt etwa eine halbe Stunde kalt stellen. Backofen auf 200 °C vorheizen. Frischkäse, Zitronenschale, Zucker und Vanillezucker in eine Schüssel geben und alles zu einer glatten Creme verrühren, dabei nach und nach die Eier zufügen. Zum Schluss das Mehl und die Sahne unterrühren.

Teig kurz kneten und zu einem Kreis ausrollen, dünn bemehlen und mithilfe des Nudelholzes in die eingefettete Form gleiten lassen. Teig am Rand andrücken, den Boden mehrmals mit einer Gabel einstechen und im Ofen etwa zehn Minuten vorbacken.

Form herausnehmen und Backofen auf 225 °C hochschalten. Käsecreme auf dem Teig verteilen, glatt streichen und 15 Minuten backen. Ofen auf 120 °C herunterschalten, den Käsekuchen eine weitere halbe Stunde backen. Kuchen aus dem Ofen nehmen, zwischen Teigrand und Füllung einschneiden und weitere 20 Minuten bei 120 °C backen, eventuell abdecken. Nach dem Backen abkühlen lassen und eine Stunde abgedeckt in den Kühlschrank stellen. Mit etwas Puderzucker bestreut servieren.

Ofenobst

ca. 1 kg Früchte der Saison
(Pfirsiche, Aprikosen,
Heidelbeeren, Johannisbeeren,
Brombeeren, Zwetschgen etc.)
1 Tasse Vollrohrzucker
1 Vanilleschote
1 EL Cognac oder Rum
1 TL Kardamom
Saft von 1 Zitrone
1 Prise Salz

Backofen auf 170 °C vorheizen. Früchte in mundgerechte Stücke schneiden und in einer ofenfesten Schüssel verteilen. Eine Mischung aus Vanillezucker, Cognac oder Rum, Kardamom, Zitronensaft und einer Prise Salz zubereiten.
Das Obst mit dieser Mischung übergießen und vorsichtig vermischen.
Die Früchte im Ofen eine gute halbe Stunde backen.

Rhabarber-Tarte

4 dicke Rhabarberstangen
2 EL feiner Zucker
1 Pkg. Blätterteig
200 g Ricotta
2 EL Puderzucker
1 TL Vanilleextrakt

Backofen auf 200 °C vorheizen. Rhabarber auf ein mit Backpapier belegtes Blech geben, mit Zucker bestreuen und 20 Minuten backen, bis er weich ist, danach abkühlen lassen.
Teig ebenfalls auf ein mit Backpapier belegtes Blech geben. Ricotta, Puderzucker und Vanilleextrakt verrühren und auf den Teig streichen. Dabei ringsum einen etwa ein Zentimeter breiten Rand frei lassen. Den weichen Rhabarber auf der Ricottaschicht verteilen und die Teigkanten hochklappen, sodass sie einen Rand bilden. Die Tarte zwölf bis 15 Minuten im Ofen backen, bis der Belag fest wird und der Teig schön gebräunt ist. Warm oder kalt servieren.

Rehrücken

FÜR 5–6 PERSONEN

4 Eier
200 g Butter
180 g Zucker
200 g Mehl
1 TL Backpulver
30 g Kakaopulver
1 Pkg. Vanillezucker
60 g gehackte Mandeln
60 g Schokolade
Fett für die Form
1 Pkg. Kuchenglasur

Die Eier trennen und das Eiklar zu steifem Schnee schlagen. Butter, Dotter und Zucker schaumig rühren, dann Mehl und Backpulver zufügen. Anschließend Kakao, Vanillezucker, Mandeln und Schokolade unterrühren, den Eischnee zuletzt unterheben. In eine eingefettete Rehrückenform füllen. Den Kuchen eine knappe Stunde mit Unterhitze backen. Den Ofen in den ersten 20 Minuten auf keinen Fall öffnen, da der Kuchen sonst zusammenfällt.
Den Kuchen vor dem Servieren auskühlen lassen und dann mit Kuchenglasur bestreichen.

Rhabarberschale

300 g Rhabarber
1 Orange, unbehandelt
60 ml Orangensaft
2 EL Honig
2 EL Wasser
400 g Vanillejoghurt

Die Rhabarberblätter von den Stangen entfernen und wegwerfen. Die Stangen waschen und in zwei Zentimeter lange Stücke schneiden. Von der Orange die Schale fein abreiben und den Saft auspressen.
Die Rhabarberstücke mit einem Teelöffel Orangenschale, Orangensaft, Honig und Wasser in einen Topf geben und bei mittlerer bis schwacher Hitze zum Köcheln bringen. Dann zugedeckt unter gelegentlichem Rühren einige Minuten garen, bis der Rhababer weich ist, aber noch nicht zerfällt.
Den Rhabarber in eine Schüssel füllen und für 15 Minuten zum Abkühlen in das Gefrierfach stellen. Zwischendurch ab und zu vorsichtig umrühren.
Den Rhabarber und den Vanillejoghurt jeweils abwechselnd in kleine Schalen füllen und servieren.

Pfannkuchen mit Ahornsirup

FÜR 6 PERSONEN

60 g Butter
150 g Sauerrahm
2 EL Orangensaft
250 g Mehl
1 Prise Salz
1 EL Zucker
2 TL Backpulver
375 ml Buttermilch
1 Ei
Sonnenblumenöl zum
Backen
4 EL Ahornsirup
Zimt zum Bestäuben

Backofen auf 75 °C vorheizen. Butter würfeln und in einem kleinen Topf zum Schmelzen bringen. Sauerrahm mit Orangensaft glatt rühren. Mehl, Salz, Zucker und Backpulver vermischen. Die Buttermilch und das Ei verquirlen. Mittlerweile flüssige Butter und die Ei-Buttermilch zu der Mehlmischung gießen, Orangen-Rahm dazugeben. Alles rasch mit einem Schneebesen zu einem glatten Teig verrühren.

Nur zwei Teelöffel Öl in einer Pfanne bei mittlerer Hitze erwärmen. Einen gehäuften Esslöffel des Teiges in der Pfanne zu einem Kreis ausstreichen und auf jeder Seite etwa fünf Minuten backen. Diesen Vorgang so lange wiederholen, bis kein Teig mehr vorhanden ist. Pfannkuchen kurz auf Küchenpapier abtropfen lassen, abdecken und im Backofen warm halten, bis der Teig fertig gebacken ist. Kurz vor dem Servieren mit Ahornsirup beträufeln.

Sonnentorte

FÜR 8–10 PERSONEN

Für den Teig:
225 g Mehl
180 g Butter
1 EL feiner Zucker
2 EL Eiswasser
1 Dotter

Für die Füllung:
80 ml gepresster
Zitronensaft
80 ml gepresster
Limettensaft
160 g feiner Zucker
60 ml Schlagsahne
5 Eier

Mehl, Butter und Zucker in der Küchenmaschine zu einem Teig verarbeiten. Das Wasser mit dem Dotter verquirlen, zur Mehlmischung geben und kurz untermengen. Den Teig aus dem Gefäß nehmen und mit den Händen rasch verkneten. Zu einer runden Scheibe formen und in Klarsichtfolie einschlagen. Danach etwa eine halbe Stunde im Kühlschrank ruhen lassen.

Den Teig auf der leicht bemehlten Arbeitsfläche zu einer runden Scheibe von etwa 35 Zentimeter Durchmesser ausrollen. Die Teigscheibe vorsichtig in eine Springform von 30 Zentimeter Durchmesser legen. Den Teig behutsam gegen den Rand der Form drücken. Überschüssigen Teig mit einem scharfen Messer wegschneiden und die Form für eine halbe Stunde in den Kühlschrank stellen. Backofen auf 190 °C vorheizen.

Den Teigboden mit Backpapier bedecken und mit Reis oder Hülsenfrüchten beschweren. Im Backofen 20 Minuten backen. Dann Reis bzw. Hülsenfrüchte sowie das Backpapier entfernen und den Teigboden für zehn Minuten weiterbacken. Aus dem Ofen nehmen und abkühlen lassen. In der Zwischenzeit für den Belag Zitronen- und Limettensaft, Zucker und Schlagsahne in einer Schüssel mit einem Schneebesen mischen. Nacheinander die Eier zufügen und jeweils gut unterrühren. Die Füllung auf dem Tortenboden verteilen und die Torte noch 20 Minuten weiterbacken, bis die Füllung in der Mitte relativ fest ist. Die Torte warm oder zimmerwarm mit Puderzucker bestäuben und mit Schlagsahne oder Vanilleeis servieren.

Schokoigel

Für den Teig:
100 g Butter
60 g Zucker
160 g Mehl
Salz

1 Pkg. Vanillepuddingpulver
150 g Butter
2 TL Kakaopulver
1 Tortenboden – gekauft
oder selbst gemacht
100 g gestiftelte Mandeln
300 g Schokoladenglasur

Aus den Teigzutaten einen feinen Mürbeteig herstellen und diesen etwa zwei Stunden im Kühlschrank ruhen lassen. Aus einem festen Karton eine Schablone von etwa acht bis neun Zentimeter Länge in Form eines zugespitzten Ovals schneiden. Backofen auf 200 °C vorheizen. Den Teig einen halben Zentimeter dick ausrollen und mithilfe der Schablone igelförmige Plätzchen ausschneiden. Die Plätzchen auf mittlerer Stufe etwa zehn Minuten backen, danach abkühlen lassen.

Den Pudding nach Packungsanweisung zubereiten, anschließend abkühlen lassen. Butter schaumig rühren. Wenn Pudding und Butter dieselbe Temperatur haben, den Pudding unter die Butter rühren. In einen kleinen Teil der Creme Kakaopulver mischen und zur Seite stellen.

Den Biskuitboden in kleine Würfel schneiden und diese unter die Buttercreme mischen. Die Würfel sollten nicht komplett zerfallen. Die Creme igelförmig auf die Plätzchen setzen und etwa eine Stunde im Kühlschrank fest werden lassen. Kuchenglasur im Wasserbad schmelzen. Die Mandelstifte auf die Igel stecken. Die Igel nun vorsichtig in die Glasur tauchen und auf einem Kuchengitter kühlen lassen. Mit der zur Seite gestellten Buttercreme Nase und Augen aufmalen.

Schweinsohren

1 Pkg. Blätterteig
125 g Butter
1 Pkg. Vanillezucker
100 g Zucker
Puderzucker

Die Butter zerlassen und abkühlen lassen. In der Zwischenzeit zwei Blätter vom Blätterteig übereinanderlegen und auf ein Viereck ausrollen. Bei der so entstandenen Teigplatte die Mitte markieren. Die Butter auf den Teig streichen, den mit Vanillezucker vermischten Zucker darüberstreuen und dann die Teigplatte zur Mitte hin locker aufrollen. Das Gleiche von der anderen Seite, sodass sich beide Rollen in der Mitte treffen. Die Teigrollen kalt stellen und den Backofen auf 175 °C vorheizen. Die Teigrollen noch einmal in Zucker wälzen und in etwa ein Zentimeter dicke Scheiben schneiden und auf ein mit Backpapier ausgelegtes Blech legen. Nicht zu eng legen, da sie noch aufgehen. Etwa 15 Minuten backen, bis sie schön hellbraun sind. Sobald sie abgekühlt sind, mit etwas Puderzucker bestreuen.

Walnusstarte

225 g Butter
350 g Mehl
225 g Zucker
4 große Dotter
225 g frische Walnüsse
175 g eingemachte
Aprikosen
Puderzucker zum Bestreuen

Butter in kleinere Stücke schneiden, mit dem Mehl vermischen und so lange kneten, bis sich Streusel bilden. Zucker einrühren, dann die Dotter zugeben und alles zu einem feuchten, lockeren Teig verkneten. In Alufolie einwickeln und für etwa eine Stunde in den Kühlschrank stellen. Danach aus dem Kühlschrank nehmen und noch eine weitere Stunde stehen lassen. In der Zwischenzeit den Backofen auf 190 °C vorheizen. Die frischen Walnüsse auf ein Backblech verteilen und etwa sieben Minuten im Ofen rösten, bis sie goldbraun sind. Danach erst auskühlen lassen und dann grob hacken.

Den Teig teilen. Jeweils eine Hälfte zwischen zwei eingemehlte Frischhaltefolien legen und den Teig mit den Fingern zu einer etwa 40 mal 30 Zentimeter großen Platte ziehen. Eine Teigschicht mithilfe der Folie auf ein entsprechendes Backblech gleiten lassen. Folie anschließend vorsichtig herausziehen. Die erste Teigplatte bis zum Rand dick mit den eingemachten Aprikosen belegen, darüber die Hälfte der Walnüsse streuen. Mit der zweiten Teigschicht bedecken und die Folie entfernen. Den Rand nicht verschließen. Im Backofen auf der mittleren Einschiebeleiste eine halbe Stunde backen, bis die Oberfläche goldbraun ist.

Aus dem Ofen nehmen und die Temperatur reduzieren. Die restlichen Walnüsse gleichmäßig in die noch weiche Tarte-Oberfläche stecken. Nochmals in das Ofen geben und weitere zehn Minuten backen. Auskühlen lassen, mit Puderzucker bestreuen und servieren.

Zimtschnecken

1 Würfel Hefe
200 ml Milch
100 g Zucker
400 g Mehl
1 Prise Salz

50 g Butter
125 g Butter
50 g Puderzucker
1 EL Zimt
1 TL Kardamom, gemahlen
1 EL Milch
1 Dotter
Puderzucker

Alle Zutaten müssen zimmerwarm sein. Backofen auf 200 °C vorheizen. Hefe mit etwas Milch und Zucker glatt rühren, mit Mehl, Zucker, Salz, Butter und der restlichen Milch zu einem Hefeteig verarbeiten. Etwa eine halbe Stunde an einem warmen Ort gehen lassen.

Für den Belag Butter mit Puderzucker, Zimt und Kardamom verrühren. Hefeteig auf einer bemehlten Arbeitsfläche etwa einen halben Zentimeter dick ausrollen, mit der Zimtmischung bestreichen, aufrollen und in etwa vier Zentimeter große Scheiben schneiden. Scheiben mit der Milch-Dotter-Mischung bestreichen und etwa 20 Minuten im Ofen backen. Auskühlen lassen und mit Puderzucker bestreut servieren.

Anhang

Saisonkalender

Obst	Januar	Februar	März	April	Mai	Juni	Juli	August	September	Oktober	November	Dezember
Äpfel								■	■	■	■	
Aprikosen					■	■	■	■				
Birnen								■	■	■	■	
Brombeeren							■	■	■			
Erdbeeren					■	■	■					
Esskastanien									■	■		
Haselnüsse										■	■	
Heidelbeeren							■	■	■			
Himbeeren							■	■				
Holunder								■	■	■		
Johannisbeeren							■	■				
Kirschen						■	■	■				
Mirabellen						■	■	■				
Nektarinen						■	■	■				
Pfirsiche						■	■	■				
Preiselbeeren							■	■	■	■		
Rhabarber				■	■	■						
Stachelbeeren						■	■	■				
Walnüsse										■	■	
Weintrauben								■	■	■		
Zwetschgen								■	■			

Gemüse

Gemüse	Januar	Februar	März	April	Mai	Juni	Juli	August	September	Oktober	November	Dezember
Auberginen							■	■	■			
Blumenkohl						■	■	■	■	■		
Bohnen					■	■	■	■	■			
Brokkoli						■	■	■	■	■		
Eisbergsalat					■	■	■	■	■	■		
Endiviensalat					■	■	■	■	■	■	■	
Erbsen						■	■	■				
Feldsalat	■	■										
Fenchel								■	■	■		
Karotten					■	■	■	■	■	■	■	■
Kartoffeln					■	■	■	■	■	■		■
Kohl	■				■	■		■	■	■	■	■
Kohlrabi					■	■	■	■	■	■		
Kohlsprossen	■	■										
Kopfsalat					■	■	■	■	■	■		
Kürbis								■	■	■	■	■
Lauch	■	■				■	■	■	■	■	■	■
Mais								■	■			
Mangold						■	■	■	■			
Meerrettich									■	■	■	
Paprika							■	■	■	■	■	
Radieschen					■	■	■	■				
Rote Bete	■	■							■	■	■	■
Salatgurken						■	■	■	■	■		
Sellerie							■	■	■	■	■	
Spargel				■	■	■						
Spinat				■	■	■			■	■		
Tomaten						■	■	■	■	■		
Zucchini						■	■	■	■	■		
Zwiebeln					■	■	■	■	■			

Register

von
Sibylle Hamtil
und
Sarah Legler

FSC
MIX
Papier aus verantwor-
tungsvollen Quellen
FSC® C083411
www.fsc.org
FSC® N001512

Verlag Kiepenheuer & Witsch

1. Auflage 2011

Leicht überarbeitete Lizenzausgabe des
Verlages Kiepenheuer & Witsch 2011.
Mit freundlicher Genehmigung des Metroverlags.
© 2010 Metroverlag

Copyright für das Vorwort:
© 2011 by Jonathan Safran Foer
Aus dem Englischen von Matthias Fienbork
© 2011, Verlag Kiepenheuer & Witsch, Köln
Alle Rechte vorbehalten. Kein Teil des Werkes
darf in irgendeiner Form (durch Fotografie, Mikrofilm
oder ein anderes Verfahren) ohne schriftliche
Genehmigung des Verlages reproduziert oder unter
Verwendung elektronischer Systeme verarbeitet,
vervielfältigt oder verbreitet werden.
Umschlaggestaltung: Rudolf Linn, Köln
Gesetzt aus der Swiss und der Bell MT
Satz: Buch-Werkstatt GmbH, Bad Aibling
Druck und Bindung: CPI – Clausen & Bosse, Leck
ISBN 978-3-462-04370-9

Jonathan Safran Foer. Tiere essen. Deutsch von Isabel Bogdan, Ingo Herzke und Brigitte Jakobeit. Gebunden Verfügbar auch als ■Book

»Foer holt mit seinem Bestseller ›Tiere essen‹ den Vegetarismus ins Zentrum der Gesellschaft. Nichts ist so unwiderstehlich wie eine Idee, deren Zeit gekommen ist.« *Süddeutsche Zeitung*

»Wenn ein Buch die Kraft hat, die Welt zum Fleischverzicht zu bekehren, dann ist es ›Tiere essen‹.« *FAZ*

»Eine brillante Mischung aus Recherchejournalismus und Autobiografie.« *die tageszeitung*

www.kiwi-verlag.de

Kiepenheuer &Witsch

Stefan Kreutzberger / Valentin Thurn: **Die Essensvernichter**

Warum die Hälfte

aller Lebensmittel im Müll landet

und wer dafür verantwortlich ist

Kiepenheuer & Witsch

Stefan Kreutzberger / Valentin Thurn. Die Essensvernichter.
Warum die Hälfte aller Lebensmittel im Müll landet und
wer dafür verantwortlich ist. Klappenbroschur
Verfügbar auch als ▪Book

Rund die Hälfte unserer Lebensmittel – bis zu 20 Millionen Tonnen allein in Deutschland – landet im Müll. Lebensmittelvernichtung – die in hohem Maß auch zum Klimawandel beiträgt – ist auf internationaler, aber auch auf individueller Ebene zu begegnen. Das Buch enthält viele Anregungen, wie jeder Einzelne umsteuern kann.

»In den Mund oder auf den Müll – das ist keine Frage von Qualität mehr, sondern von wirtschaftlichen Interessen. Deshalb empfehle ich ›Die Essensvernichter‹ allen aufmerksamen Verbraucherinnen und Verbrauchern als Pflichtlektüre.« *Sarah Wiener, Starköchin*

www.kiwi-verlag.de

Kiepenheuer & Witsch

David Foster Wallace. Am Beispiel des Hummers. Deutsch
von Marcus Ingendaay. KiWi 1183

Jedes Jahr findet im amerikanischen Bundesstaat Maine das Maine
Lobster Festival statt, bei dem innerhalb von vier Tagen mehr als 9.000 kg
frischer Hummer verspeist werden, gekocht im größten Topf der Welt.

David Foster Wallace geht dem Unbehagen beim Anblick der kochenden
und vielleicht leidenden Hummer nach und stellt die Frage, ob der
Hummer, der ganz offensichtlich versucht, dem heißen Wasser zu ent-
kommen, nicht doch Schmerz empfindet, allen Beteuerungen der
Festivalorganisatoren zum Trotz.

www.kiwi-verlag.de

Karen Duve, *Anständig essen. Ein Selbstversuch*

Karen Duve wollte nicht mehr auf Kosten anderer leben und machte ein Jahr den Selbsttest – am Ende nahm die passionierte Grillhähnchen-Esserin das Huhn Rudi als Mitbewohner auf.

»*Anständig essen* heißt das Werk, dass dank Duves trockenem Humor (legendär seit dem *Regenroman*), der Prise Wahnsinn und dem radikalen Verzicht auf die Moralkeule ein Hochgenuss geworden ist.« *Brigitte*

»Auch für militante Nichtvegetarier ein Genuss.« *Die Zeit*

»Ein Buch ›zum Verschlingen‹.« *Frank Keil, Die Welt*

www.galiani.de